U0108335

麥田叢書 39

流轉的歷史
世紀轉折的人事景物

郝晶瑾　著

序

　　歷史是什麼？各家註解大同小異，記憶中，還是學生時代「中國通史」、「中國近代史」授課恩師的詮釋最為貼切生動，他說：「歷史好比是一面鏡子，讓我們鑑古知今；歷史又好比是一根棒子，鞭策著我們勇往直前不斷進步；歷史更好比是一條褲子，提醒我們擺脫野蠻步向文明。」言簡意賅，一針見血，明確指出讀歷史、學歷史所事為何？

　　從第二次世界大戰結束迄今，期間半個多世紀，可以說是人類歷史上文明演進、社會變遷、科技發展最為快速、蓬勃、精采的時期，以日新月異目不暇給來形容並不為過，凡是親身經歷過這段充滿戲劇性變化，快節奏、高張力歲月的人們，當記憶猶新，感受深刻，好在人們早已學會處變不驚見怪不怪。然而很諷刺的是儘管在文明的進程上，跨越了一大步，但是檢視這部近代史，吾人終究仍未能擺脫以爭戰暴力為歷史核心動力的殘酷宿命。換而言之，人類的智慧、理性並未隨著歷史歲月同步長進成熟，是寫歷史的人錯？還是讀歷史的人笨？

　　郝博士晶瑾兄是國際知名的環境工程學者，著作等身，桃李

滿天下，在環工專業領域的成就與貢獻令人欽佩，難能可貴的是，在閒暇之餘浸淫於近代史實的探索，用功之深幾近忘我而樂此不疲。這本書是他近八年的心血結晶，匯集了影響近代歷史轉折的人、事、景、物，社會變遷的軌跡，他以科學家窮理格物鍥而不捨的精神，遍蒐原始檔案史料，涉獵廣泛，以求真求實執著嚴謹的態度，解析印證事件的始末、因果真相，更跳脫一般史家貫常的治學理則與思維模式，以頗為率性的文章體裁結構，不拘泥形式，表達出獨特的觀察透析見地。全書饒富益智與趣味，各篇章自成單元並不連貫，閱讀輕鬆不感負擔，是一部不錯的床頭書。而其內容資料珍貴、真實、客觀，更不失為一本探討以美國為主體的近代史工具書，尤其是對美國歷來其國家利益、國家戰略、國防政策、軍事戰略的形成與演進，國家安全機制的運作，戰爭指導作為，乃至美式民主體制下軍、文間平、戰時之互動藝術，都不難從其中窺出端倪脈絡，殊值玩味。

　　我國國情特殊，時值國防二法頒布施行，國防事務正式步入文人領軍，國防體制大幅變革之際，如何使民主體制下，國家安全、國防事務運作順暢而有效，國人需要做的功課還很多，睽諸近代美國民主體制運作經驗，並非全然完美理想，正因如此更有研究與借鏡之必要。他山之石可以攻錯，問題是吾人到底是見樹還是見林！

國防大學校長　　謝建東
陸軍二級上將

謹識於民國九十二年

自序

　　權威的歷史學家卡爾（E. H. Carr）在他所寫的大作《什麼是歷史》（*What is History?*）中說到：「歷史是歷史家和事實不斷交互作用的過程，是現在和過去永無休止的對話交流。」進而說：「歷史的實情只是依據那一時段歷史學者的解釋」，國學大師錢穆（賓四）更簡單地說：「歷史只是記載大事。」「什麼是歷史」的定義見人見智，因人而異。我這局外人則把它的定義擴大解釋為「歷史是過去旅程中人事景物的回顧」。這「回顧」一詞引伸到：「歷史事件是為何（why）、何人（who）、何時（when）、何處（where）及何事（what）發生。」如此看來，這些歷史事件只不過是過去不同的故事，這些不管是好的、壞的或醜陋的故事多少都能鼓舞我們，認清過去，展望未來。

　　基於此，我這學工程的人嘗試著跳脫歷史學者的思路及框框，寫了這半世紀絕大多數由冷戰所帶來的許多美國歷史事件。冷戰這段時間雖然只是浩瀚歷史上的短暫時刻，但這歷史、社會及科技的相互作用（interplay），這些歷史中許多的轉捩點，卻塑造了我們的命運，也改變了我們的生存。毫無疑問地，冷戰前

〈原子彈試爆〉的成功，不但是一個震撼歷史的發明，這核武更是防止美蘇冷戰中可能導致不可想像的熱戰——幸好〈古巴飛彈危機中瀕於核戰的最長一週〉事件有個完美的解決，阻止了瀕於核武的浩劫。另一方面，冷戰初期杜魯門時的〈韓戰〉，詹森及尼克森總統的〈越戰〉卻是「資本主義」與「共產主義」，「自由民主」與「強權獨裁」意識形態不同所產生的熱戰。

艾森豪、甘迺迪總統時美蘇關係的危機（〈U2偵察機〉、〈柏林危機〉、〈古巴飛彈危機中瀕於核戰的最長一週〉）造成美國及國際上的困惱及憂慮。我另有一篇〈用語錄來詮釋歷史的熱戰、冷戰與灰戰〉的文章。〈韓戰〉及稍後的〈八二三戰役〉改變了中華民國歷史的軌跡，毫無疑問，此兩個歷史事件對那時處於風雨飄搖，國際孤立的台灣有絕對安定性的實質效益。越戰及最後的西貢失守，顯示出整個越南政策是美國歷史上最黑暗的一面。越戰失敗的陰影及慘痛的教訓，一直到冷戰後另外的熱戰（〈波灣大戰的人事景物回顧〉）之後，才讓美國軍方揚眉吐氣，走出越戰的陰影。越戰及許多的事件讓〈一九六八年〉成為美國歷史上的分水嶺，該「混亂的年代」、「失落的年代」、「叛逆的年代」發生的許多事件都是影響後代歷史軌跡的轉捩點。正如同二次普立茲獎得主，歷史學者史萊辛格（Schlesinger）談及一九六八年羅伯甘迺迪的被槍殺身亡：「歷史塑造了他，若時間許可，說不定他也會改變歷史。」

冷戰也帶來了科技的成就：〈阿波羅十一號〉及〈U2偵察機〉。一九六九年，不可思議的美國太空人登陸月球，揭開了我們幾千年來對月亮的神祕感，似是對「月宮」的憧憬、幻想、神

話及感情產生了不同的感受，讓那一代的人都記得在何處聽到阿姆斯壯所講的那句名言：「這是我的一小步，卻是人類的一大步。」相對地，我們這一代的人也都記得在何處聽到令人難忘的九一一恐怖攻擊事件。同時，從九一一事件我們談到〈從九一一事件一窺美國國安局的神祕面紗〉，而揭開它神祕的面紗。U2偵察機，毫無疑問地是一九五○年代冷戰中對美國最大的貢獻。回顧「黑貓中隊」中，我們對那些為自由正義，而進行空中偵察活動為國殉職的人，表示我們最大的敬意。冷戰後所衍生的間諜產物——這人類有史以來第二古老的職業——在一九八五年達到高潮，該年有許多早期從事間諜的人被判刑，或遭逮捕，甚而潛逃，最主要的是此年開始了幾件影響美國極大的間諜活動〈一九八五年〉。

其他兩篇文章雖然與冷戰無關，但〈聯邦最高法院與大法官〉判決幾件影響社會，甚而改變歷史的重要案子值得我們深思。從社會角度來看，電影或多或少影響我們對歷史的看法及見解，是故〈從社會歷史的角色談奧斯卡獎的老電影〉的文章讓我們從電影中看出社會歷史的變遷。

這些鋪陳歷史的往事，對某些人來講是懷古思情，對其他人來講，則是認清這一段複雜、意味深長、迷人的歷史。正如同哲學家桑塔亞那（Santayana, 1863-1952）的名言：「那些不牢記歷史教訓的人注定要重蹈覆轍。」歷史不是我的本行，但歷史卻是我的興趣，在寫這些文章中，我盡我的能力去求真求實。引用的資料太多，我無法一一記載註明，因此謝謝許多原作者的貢獻，對於誤引或任何差錯則由我負完全責任。我也感謝《歷史月刊》

刊出許多文章，謝謝崔忠傑先生幾乎每篇文章的過目，特別是改正我的錯別字。

謝將軍建東上將的鼓勵更是讓我衷心感激的。謝上將能在百忙之中為我這本許多關於軍事歷史的書寫序言，再次感謝。

不可否認地，沒有麥田出版公司總編輯涂玉雲，及主編郭顯煒大力支持及編輯部同仁的努力，這本書是不可能出版的，我謝謝他們。

最後謝謝我的另一半及兩位女兒郝怡慧、郝雯慧。她們的畫像及照片讓這本書增加不少光彩。

郝晶瑾二〇〇三年寫於馬里蘭大學

1

原子彈試爆

人事景物的歷史回顧

　　歷史也有好壞之別，好的歷史應該以好的故事為起點。在希特勒納粹強勢政權陰影之下，一九四二年開始的美國曼哈坦計畫（Manhattan Project），就是一個最好的故事。其最終目的為發展原子彈及試爆的成功，是一個震撼歷史的發明，是生存與死亡極度的競爭，更改變整個人類歷史的事件。半個世紀已經過去，現在回顧曼哈坦計畫中參與的人、經歷的物、忱目的景、以及驚險的事，真讓人覺得有「身不逢時」的感覺。那段時間參與計畫的科學家們，真是既興奮又恐懼，興奮的是原子彈發展的成功，可以打敗希特勒的政權；恐懼的是將來如何控制此一威力強大原子彈的繁殖。

　　一九四五年七月十六日（週一）凌晨五時二十九分四十五秒，在美國新墨西哥州的空軍基地（Alamogordo Air Base）六十哩外，歷史上第一顆原子彈試爆成功。在這每百萬分之一秒內就有八十次的連鎖反應之下，所產生百萬度溫度，及百萬磅的壓力，能讓二十哩附近看到的光，幾乎等於幾個正午的太陽光度，以及能讓一百哩外都能聽到爆炸聲。試爆的結果遠超過科學家們的期望，其震驚的程度，可引用諾貝爾獎得主賽格瑞（Emilio Segre, N1959：註：N代表諾貝爾獎，年代表得獎的年度）所言：「剎那間我直覺到爆炸會產生大氣的反應，進而導致整個地球的消失。」試爆成功之後，科學家們並沒有太大的喜悅，雖然欣慰於辛苦的工作總算成功了，但總覺得這天也將是世界末日的開始，正如同試爆負責人朋橋（Bainbridge）對奧本海默（Oppenheimer）所言：「現在我們都是狗娘養的人了（Sons of Bitches）。」

　　同年八月六日廣島以及八月九日的長崎事件，已是歷史的故事。接著第二次世界大戰的結束，相繼四十多年的冷戰，都與一九四五年七月十六日原子彈試爆有密切的關係。我們從遠因（科學家探討原子的奧祕）到近因（與希特勒政權的競爭）看看曼哈坦計畫的過程，總算對這段歷史有了美好的回味。

白日夢・妄想

　　話說一九三五年九月，三十五歲的西勞德（Leo Szilard），這位從德國逃難到英國的匈牙利籍猶太人[1]，在經過倫敦的十字路口等紅燈時，突然想到「……中子（neutron）能撞擊原子核（nucleus）會引起連鎖反應……如何找到哪種元素能夠被中子撞擊而產生能……」。雖然當時愛因斯坦（N1921）已提出最著名、最簡易的質能關係（$E = mc^2$），即微量的質變化可產生極大的能。但西勞德的想法與當時最出名的物理學家拉塞福（Rutherford, N1908）所言，「任何人想利用原子轉變而產生能都是胡言、妄想（moonshine）」，以及以後波耳（Niels Bohr, N1922）所言，「分離鈾235及238是不可能的，除非把整個國家變成一個大工廠」，甚而愛因斯坦所講的「如同在黑暗的天空射擊一隻鳥一樣」完全不符合。

---

[1] 匈牙利籍猶太人（號稱從火星來的人）：海威希（Georg de Hevesy, N1943）、西勞德（Leo Szilard，促發原子彈之父）、威格納（Eugene Wigner, N1967）、泰勒（Edward Teller，氫彈之父）、范紐曼（John von Neumann，計算機之父）等，都從匈牙利到德國獲得博士，一九三〇年代遷移美國。

　　西勞德在一九二一年獲得柏林大學熱力學博士，那年正值愛因斯坦獲得諾貝爾獎。其博士論文委員會除愛因斯坦外，還包括其他三位諾貝爾獎得主：蒲郎克（Planck, N1918）、范拿（von Laue, N1914），以及哈柏（Haber, N1918C，註：此C代表化學獎）。指導教授范拿原先給他一個相對論的博士題目，搞了半年，一無進展，突然自己換了個題目並寫了篇文章，先拿給愛因斯坦過目，甚受其讚揚，第二天送到范拿教授處，隔日，就接到范教授電話：「你的文章可當做博士論文。」

　　西勞德非常自傲，有三十多種專利，其一為與愛因斯坦共同申請的電冰箱冷媒用電磁場來迴流，但因聲音太大，無廠商採用。還有就是用電磁場來加速中子顆粒的移動（後來加大柏克萊分校的勞倫斯〔Lawrence, N1939〕就以此設立規模宏大的實驗室），當然最突出的專利是原子彈的發展及原子能的應用。在希特勒反猶太人政策之下，他從德國到英國，再到美國，整日想的就是怕希特勒捷足先登發明原子彈。一九三九年暑假（亦是七月十六日），西勞德與威格納開車到紐約長島去找正在朋友住處休假的愛因斯坦，商討如何防止希特勒發展原子彈，以及如何加速美國的發展。二位猶太人在美人生地不熟，大概將地址號碼弄錯了，問了許多人，皆無頭緒，找了近二個鐘頭，幾乎放棄要回紐約。最後總算問到一小孩，在他帶領之下，二位疲倦的學者總算看到了穿短褲的愛因斯坦。

　　數週後，西勞德再與泰勒去長島將擬好的信拿給愛因斯坦過目。這就是著名的愛因斯坦致羅斯福總統的信。

　　總統閣下：

　　最近費米（Enrico Fermi, N1938）以及西勞德的實驗結果
……我認為我有責任告訴您以下的真事及建議……

　　　　　　　　　　　　　　　　　　　　　　　　愛因斯坦

　　此君後來因不滿曼哈坦計畫的許多過程，與主持人高夫
（Groves）將軍不合，為了專利也與美國陸軍打官司，戰後與費
米領到不少專利的酬勞與權利獎金。

　　現在回顧更早期的歷史，看看原子內部科學的演變，如何會
讓西勞德想到原子能的產生，這些不同原子科學家的發現，正是
十九世紀末及二十世紀初，中期物理演變的主要過程。

原子能歷史

　　一八○三年，牛津大學的達爾頓（Dalton）最先提及到原子
（atom）。在十九世紀時，科學家對原子的看法，正如我們現在對
太陽系統之外的宇宙了解一樣，充滿好奇，但一無所知。到了十
九世紀末（一八九五年），德籍倫琴（Rötgen, N1901）發現了X
光（為第一位諾貝爾物理獎得主）後，科學家才略知原子的奧
祕。一八九八年劍橋的湯姆生（Thompson, N1906）發現原子內
含有帶負電的電子（electron），啟發了所謂「原子物理」的研
究。

　　二十世紀初，一九○一年居里夫人（Curie, N1911C，其女亦
得諾貝爾一九三五年化學獎）發現鐳（radium）元素的放射現

象，更啟發科學家對原子的重視。次年，劍橋的拉塞福發現 α 及 β 放射線。劍橋大學的物理從十八世紀的牛頓，到十九世紀的馬克斯維爾（Maxwell）及湯姆生，培養了拉塞福。相對地，拉塞福也把劍橋大學的聲望提升超過了牛津，引進到世界一流的研究單位。拉塞福從紐西蘭到劍橋大學攻讀博士。一八九九年到加拿大蒙特婁的馬奇爾（McGill）大學任教，二位學生以後獲得諾貝爾獎：索迪（Soddy, N1921）的同位素及漢南（Hahn, N1944C）的原子結構。一九〇一年轉到曼徹斯特大學（三位研究生得諾貝爾獎），一九一一年再回母校任教（他的學生或博士後研究員共八位獲得諾貝爾獎）。單從隨他的研究的人員中就有十三位得諾貝爾獎，可見他對物理貢獻之大，此君一九三九年逝世，另一物理巨人波耳在追悼會對他悼念之辭最能代表世人對他的敬仰：「生命因沒有他，而過得較貧乏，但是每一時刻想到他，就會讓人有持久的鼓勵。」

　　一九一一年拉塞福及蓋格（Geiger）提出原子核的理論，一九一九年拉塞福進而計算每克鐳放射後可得到一百兆卡的能。真正原子物理的開始應推算到一九三二年，此乃劍橋的查特威克（Chadwick, N1935）發現原子內含有不帶電的中子，此君後來代表英國參與曼哈坦計畫。一九三二年也是劍橋的卡洛夫及瓦頓（Cockcoft/Walton, N1951）用質子（proton）撞擊鋰（Li，金屬元素中最輕的元素）而得到氦（He）元素。此乃歷史上第一個原子核分裂實驗。西勞德腦筋動得快，聯想到用最近發現不帶電的中子，比用帶正電的質子來撞擊原子核更有效，這就是他在倫敦十字路口等紅燈時的構想。一九三四年西勞德申請專利之日，正值

居里夫人過世。一位發現放射現象，一位則正申請放射應用，命運真會捉弄人。愛因斯坦在居里夫人逝世追掉會上特別提到「在所有名人中，她是唯一名聲還沒有被敗壞的人」。

原子分裂

一九三四年，費米在義大利用中子撞擊鈾238，先產生鈾239同位素，進而產生一個新元素。費米的理論及實驗物理，無人可比。對美國原子彈發展貢獻頗鉅。現今美國物理學會即有費米大獎，芝加哥大學、哥倫比亞大學及阿岡（Argonne）實驗室都可感受到費米的影子。費米為義大利比薩大學博士，博士後研究授業於德國哥丁根大學[2] 的馬朋（Max Born, N1954）教授。那個時候，真正審慎的物理學者若不在哥丁根大學進修一年，其教育即不算完整。費米一九三八年獲得諾貝爾獎，同年塞珍珠（Pearl Buck）獲文學獎。當時墨索里尼正進行反猶太政策。費米因其夫人為猶太籍，故領完獎後，即全家遷移到美國，任教於哥倫比亞大學。一九三九年在美國曾試圖遊說德籍海森堡（Heisenberg, N1932）留下，以免回德被希特勒利用[3]，但海森堡還是回到德國。世人所謂美德在一九四〇年代競爭原子彈的發展，即指此倆人的競爭。

---

2 哥丁根大學（University of Göttengen）培養出的人才，日後參與曼哈坦計畫者包括：費米、紐曼、威格納、狄拉克、維斯可夫、鮑利、泰勒、奧本海默及德國的海森堡。

　　一九三八年德國的漢南（Otto Hahn, N1944C）首先用中子撞擊鈾（原子序92）得到二個在週期表中間的元素：原子序56的鋇（Ba）及原子序36的氪（Kr），以往撞擊實驗只把元素的小碎片（small fragment）去掉，如原子序2的氦。是故此次實驗乃為世人公認為原子分裂真正的開始。次年（一九三九年）才從德國逃難到瑞典的麥利亞（Meitmer）與她的外甥費吉提出原子分裂的理論。他們問正在瑞典物理學院做研究的美生物家安倫（Arnold）「細菌一分二，二分四，叫什麼？」「叫二分裂（binary fission）」，於是他們正式將此現象稱為原子分裂（atomic fission）。並將研究結果告知正要前往美國訪問的波耳教授。

　　這一年英國首相張伯倫親自到慕尼黑與希特勒訂約，答應德國可占據捷克的部分領土。回唐寧街十一號首相住處後，與百姓談及「光榮的和平」（peace with honor），此語乃成為三十多年後尼克森與北越和談時最常引用的片語。當時反對黨的邱吉爾則稱之為「捷克事件是西方國家，受德國武力威脅的完全投降。」

　　波耳教授到美後與許多人談及最近德國與瑞典原子分裂的實驗，這一訊息就像病菌傳染般，遍及到全美，包括柏克萊的歐費

3　因極權政治，而導致人才流失，如一九九三年希特勒當政時，有11位諾貝爾獎得主離開德國：Einstein, Wigner到普林斯頓；Karman到加州理工學院；Schrödinger到奧地利、美國、英國；Born到愛丁堡；Bethe到康乃爾；Stern到卡尼基及Pauli到瑞士科大。另有Teller到喬治華盛頓大學；Meitmer到瑞典物理學院；Szilard到牛津、哥倫比亞；von Neumann到普林斯頓；Frisch到丹麥理論物理學院等離開德國。此外，一九三八年因墨索里尼反猶太人而使Segre到柏克萊；Fermi到哥倫比亞大學及芝加哥大學。

斯（Alvarez, N1968）、卡尼基的羅伯（Roberts），及哥倫比亞的安德森（Anderson）等皆成功地將鈾撞擊成小塊不同元素。這一年底共有一百篇文章發表關於原子分裂的題目。

提到波耳，他是二十世紀世人公認對物理貢獻僅次於愛因斯坦的巨人（又是巧合，波耳的諾貝爾獎比愛因斯坦晚一年）。一九○九年以碩士學生身分在英國皇家學會發表〈表面張力〉論文。其文章水準之高，可由編輯給波耳回信中稱其為教授為證。一九一一年在哥本哈根大學取得博士後，到劍橋及曼徹斯特在拉塞福授業之下當博士後研究。其做學問的敬業態度，令前輩、同輩，及晚輩學者佩服。一九二○年愛因斯坦寫給他的信：「與人相聚，除了你以外，無人可帶給我如此的快樂。」以世俗的眼光來看，這封信還可能帶來不必要的同性戀困惱。一九二一年為丹麥物理學院院長，一九二二年獲諾貝爾獎後，整個丹麥以他為榮，一九三二年，政府讓他住一幢最出色的公民華宅（前住客為探險北極的拉沙穆森〔Rasamussen〕）。一九四○年德國占領丹麥後，遷移到瑞典，雖其為中立國，但希特勒蓋世太保在瑞典很多，同時波耳因反納粹更是希特勒第一號敵人。一九四三年很戲劇性地從斯德哥爾摩搭乘英國軍機逃到英國。臨走前特將其他二位諾貝爾獎得主（von Laue and Franck）託他收藏的金牌，溶於強酸中，然後置於實驗室的其他藥品旁。戰後，瑞典皇家再鑄成新金牌贈予三位。

在戰後，美國是唯一擁有原子彈的國家，波耳非常憂慮原子彈的繁殖，尤其深信蘇聯在幾年內亦會發展原子彈，他一再強調國際控制原子能及原子彈的重要，引發許多「美國第一」的政客

對他不滿。

　　再回到一九三九年，是年費米在哥倫比亞用碳作為減速劑（moderator），來減速中子的移動，以免被鈾238吸附，而能有效地撞擊鈾235。幸好這結果因保密原因，沒有發表，因當時德國正浪費了許多人力、財力用重水來當減速劑，並已改進挪威在世界上最大的電析廠用來生產重水。此工廠後被盟軍炸毀。命運捉弄人，若德國當時堅持用碳來當減速劑，歷史說不定就要重寫了。

　　鈾235是有用的同位素，在一九四〇年被證實。明尼蘇達大學的尼爾（Nier）在實驗室中分離出極微量的鈾235，在二月廿九日（閏年）用快信郵寄到哥倫比亞大學，經唐寧（Dunning）實驗證明鈾235能促成慢中子分裂。可是鈾235在鈾礦中只含微量（0.7%），絕大部分都是鈾238。不同的方法可用來分離些同位素，柏克萊的勞倫斯用電磁場來分離鈾235。哥大的唐寧用多孔薄膜來分離因比重不同的鈾同位素。還有亦可用離心機分離。這個時候，連鎖反應而產生原子能的觀念，已不再是幾年前的胡言妄語了。

前曼哈坦計畫的組織

　　一九三九年八月，愛因斯坦寫給羅斯福總統的信，一直到當年十月，總統才在公文上批示「須要採取行動」。於是成立了鈾委員會（Uranium Committee），由當時任職於國家標準局的局長柏哥（Briggs）擔任主席。在第一次開會，出席人員包括西勞

德、威格納、泰勒及陸海軍代表等。會議討論，除了三位匈牙利科學家有信心外，其他人對鈾反應的應用仍猶疑不信，委員會們象徵性地補助少許研究經費給哥倫比亞大學。

　　一九四○年由於布希（Vannevan Bush）的努力，成立了國防研究委員會（National Defense Research Council）。布希為前麻省理工學院副校長，本可升任校長，但決定來華府近郊的卡內基學院當校長，是個非常有能力的行政人員。委員會成員均為當時負責行政的科學家，包括貝爾實驗室及國科院院長的焦威（Jewett）、哈佛大學校長卡濃特（Conant）、麻省理工學院校長卡姆敦（Karl Compton），以及加州理工學院的陶曼（Tulman）。上述的鈾委員會亦併入其管理。研究委員會補助原子能研究經費與其他國防研究計畫，如雷達、飛機引擎、偵查潛艇的聲納（sona）來比，真是小巫見大巫，區區只有五十萬美元而已。

　　一九四一年六月正式設立科技研發處（Office of Scientific Research and Development）。此時英國的研究結果也顯示原子彈的可行性，英國特派奧立飛（Oliphant）到美訪問這些有決策權力的委員，提及英國現無人力及財力發展原子彈，懇求美國全力發展。他說服了勞倫斯，勞倫斯說服卡姆敦，卡姆敦再說服了卡濃特，最後布希完全支持加速原子彈的發展，於是同年十二月（珍珠港事件前日）設立S-1小組，專門負責原子能研究及應用，小組成員與前國研會大同小異。成員的卡濃特雖不是諾貝爾獎得主，但他娶了個諾貝爾獎得主——他在哈佛老師的女兒。此君專攻有機化學，導出了我們現在很熟悉的葉綠素及紅血球的分子結構，一九三三年被推薦為哈佛大學校長。現在高等教育界所常講

一九四一年成立的科技研發處
（Office of Scientific Research and Development）

處長：布希（Bush，卡內基學院院長）

主席：卡濃特（Conant，哈佛校長）

第一組

組　長：柏哥（Briggs，標準局局長）

副組長：普利葛蘭（Pregram，哥大理學院長）

組　員：卡姆敦（Karl Compton，麻省理工學院校長）

　　　　焦威（Jewett，貝爾實驗室主任及國科院院長）

　　　　庫利基（Coolidge，通用副總裁）

研究計畫召集人：勞倫斯（Lawrence，柏克萊）

　　　　　　　　尤森（Urey，哥大）

　　　　　　　　卡姆敦（Arthur Compton，芝加哥大學）

的「發表或毀滅（publish or perish）」以及「晉升或出局（up or out）」都是卡濃特在哈佛任內所搞出來的名堂。

標準局的柏哥在政府機關做事太久了，人有點僵化，對新觀念無法做決定，但其為羅斯福早期任命的局長，故仍當 S-1 組長。副組長為普利葛蘭（Pregram），在哥大當理學院院長，曾協助費米及哥大其他研究人員，對整個原子分裂過程比較清楚。一九三九年亦曾邀請海森堡當哥大教授，特別有趣地是他曾建議用哥大足球隊員搬運九十噸的碳做費米的實驗減速劑。科研會還有個卡姆敦傑出兄弟。長兄卡爾（Karl Compton）在麻省理工學院還負責其他國防計畫，其弟亞瑟（Arthur Compton）為芝加哥大

學理學院院長。人長的高大、外表又英俊。費米曾說：「高大與英俊通常與智能成反比，但是卡姆敦例外。」他在普林斯頓取得博士後，就到聖路易華盛頓大學任教，獲得一九二九年諾貝爾獎。此人因父親為傳教士，非常虔誠，時常以上帝或聖經章節來解釋一些事。

科技發展研究處提出三個研究計畫，由柏克萊勞倫斯負責鈾電磁場分離，哥大的尤森（Urey, N1934C）負責鈾氣體分離，以及芝加哥大學的卡姆敦設立冶金實驗室（Metallurgical Lab，俗稱Met Lab）。由於保密之故，冶金實驗室真正目的即進行連鎖反應，以及研究鈽（Pu）化學及其應用到原子彈的可行性。一九四一年底，由布希親自送給羅斯福總統有關原子彈可行及研究的報告，羅斯福於次年一月簡單回信如下：

V. B.

OK-returned.　I think you had best keep this in your file.

FDR.

從此，美國正式開始全力投入原子彈的研究。

最後的衝刺

希特勒在占領奧地利、捷克後，一九三九年五月與墨索里尼簽定「鋼約」（Pact of Steel），八月再與史達林簽十年互不侵犯條約後，終於在九月一日侵占波蘭。其陸軍的六十六個師及優越的

空軍，輕易地占領波蘭，九月三日英法對德宣戰，而正式引發了第二次世界大戰。此時納粹政權的強大，讓許多科學家，尤其是從希特勒逃離出來的猶太人極為恐慌，更堅定他們對原子彈研究的意旨。

二起事件是原子彈發展的里程碑。一九四一年柏克萊的史伯（Seaborg, N1951C）及義籍賽格瑞（Segre, N1959，費米高徒，吳健雄的老師）發現鈽（原子序94）的連鎖反應更能利用到原子彈的爆炸。第二件則是一九四二年底，費米在芝加哥大學成功地進行有始以來世界上第一次的連鎖反應。毫無疑問，這兩個里程碑對往後原子彈的發展具有極大的貢獻。

一九四〇年十二月，史伯（一九三九年柏克萊博士）與其學生分離成功極微量原子序94的新元素，置放於一雪茄盒內。次年正式分析並按照傳統以冥王星（Pluto）來命名為鈽（Plutonium）。前所發現原子序93的新元素，亦按海王星（Nepture）命名為錼（Neptunium）。一九四一年三月廿八日（此日德國沙漠之虎，隆美爾元帥正展開北非一次激烈的攻擊），史伯與另一諾貝爾獎得主賽格瑞證實鈽可分裂。誰會想到幾年後試爆原子彈內即放置了二十磅的鈽239。另外一件既是巧合，又是諷刺的事，Pluto是古代羅馬的死亡神，亦是希臘的陰間王。戰後史伯當了許久的美國原子能委員會的主席。

一九四二年初卡姆敦在他家中說服其他科學家，將冶金實驗室正式設在芝加哥大學。費米、史伯及其他人員相繼遷移到芝加哥。年底十二月三日費米成功地進行原子連鎖反應，在芝大網球場內有七十萬磅的碳，八萬磅的氧化鈾及一萬磅的鈾金屬，堆置

了五十七層高。雖然在四分半鐘的時刻內，只產生零點五瓦的能，但若不插入控制桿而停止連鎖反應的話，只要再等一個鐘頭，即可產生一百萬千瓦的能。費米非常冷靜，中午還休息吃午飯，下午不時用他出名的六吋小計算尺來計算何時刻到達臨界（critical）反應。下午三點五十三分時，他即叫人插入控制桿停止反應。威格納當時覺得：

> 沒有什麼壯觀的事發生，也沒有聲音，東西也沒有移動，但是當控制桿插入，儀表放射性降低時，我們多少有點失落的感覺。雖然我們知道我們將要開啟世界一大事，但我們真正觀看實驗的結果時，仍然覺得有點怪怪的感覺。

西勞德這位最早看出連鎖反應可行的奇人，最早鼓吹美國研究原子能的怪人，此時對費米爾說：「這天將是人類歷史上最黑暗的一天。」原子能由原子分裂產生，已不再是胡言妄語，已是事實了。

曼哈坦計畫

一九四〇年初，整個歐洲都在德國陰影的籠罩之下，人類若不想在納粹政權下生存，就需要很大的挑戰及考驗。美國終於在一九四二年六月設立一工程特區（Engineering District），由馬歇爾上校負責建設鈾同位素分離的工廠。因馬上校任職紐約故取名為曼哈坦工程區，是年九月由西點軍校畢業的高夫擔任曼哈坦工

程區軍方負責人。高夫原本負責剛落成的五角大廈——世界上同一屋簷下最大的建築物。這人非常自負，在十多位諾貝爾獎得主前，一點都不自卑，不過還是想辦法在就職前從上校升為准將，因他覺得在這些科學家面前，有一顆星掛在肩上顯得頗有分量。十月上任後第一件事便是迅速購置九千噸的鈾礦及設計加工的程序。

一九四二年十月，高夫來柏克萊拜訪勞倫斯的時候，第一次碰到奧本海默，第一印象非常好。當時構想中的原子彈製造實驗室不知找誰來主持，三位現正主持其他計畫的諾貝爾獎學者，加大的勞倫斯，哥大的尤森及芝加哥的卡姆敦都很忙碌，於是高夫在一九四三年二月提名奧本海默，到九月才正式通過安全檢查。

奧君是德國哥丁根大學博士，一九四三年時只三十九歲。此人早期曾參加過共產黨外圍組織的聚會，是故安全檢查費了幾個月。戰後到普林斯頓高等研究院當主任，但他的安全資格被取消，不能參與任何美國國防機密事務。此君可用幾個形容詞來表達他的個性：寂寞、敏感、姑息、特權及傲慢。當時選他為實驗室主任，套用現在俗語，真是「跌破專家眼鏡」。

高夫及奧本海默最後同意實驗室設立在遙遠偏僻的新墨西哥州沙漠附近，此即所謂洛塞勒福斯（Los Almos）實驗室。共分五組，理論物理、實驗物理、化學、軍械及試測。除了許多顧問外，還有許多未來的諾貝爾獎得主，包括一九六五年的費曼（Feynman）（此君就是十年前發現幾塊錢的O-ring造成了美國挑戰者太空船的爆炸），一九六八年的歐費斯（Alvarez），以及一九五九年的賽格瑞。

曼哈坦計畫 Los Almos （洛塞勒福斯）
首席顧問：Conant, Lawrence 顧　　問：Rabi, Allison, Bohr 參與人員：Fermi（N1938） 　　　　　von Neumann 　　　　　Teller（PhD, Univ of Leipzig under Heisenberg） 　　　　　Victor Weisskopf 　　　　　Glenn Seaborg（N1951C） 　　　　　Ed McMillan（N1951C） 　　　　　Emilio Segre（Berkeley, N1959） 　　　　　Luis Alvarez（Chicago, N1968） 　　　　　Richard Feynman（N1965） 　　　　　Seth Neddermeyer（NBS） 　　　　　John Wheller（Princeton） 　　　　　Stanislaw Ulam（Wisconsin） 　　　　　Otto Frisch, Klaus Fuchs（British）

　　高夫到職後，迅速地購買在田納西州絡克斯維爾（Knoxville）西邊二十哩的六萬畝地，此即日後的橡樹嶺（Oak Ridge）國家實驗室。其目的即分離鈾235，用來做原子彈連鎖反應的原料。興建的工廠包括電磁分離廠（俗稱Y13），占地約二十個美式足球場，興建時有二萬工人，工程之大，連勞倫斯來看時，都很敬畏。一九四三年十月正式交給田納西柯達經營管理，當時近五千

員工，不分晝夜趕工，所產生的鈾235也不過最多每日幾克而已。由於保密原因，所有工人都不知在做些什麼。

第二個工廠（俗稱K25）是用氣體擴散原理，來分離出有用的鈾同位素，占地四十三畝，比上述Y12廠還大一倍。共有五百萬個管子，十三萬個儀表，工程之大，當波耳去看時，佩服之外，連稱「你們硬是把整個國家變成個大工廠了」。

橡樹嶺還包括臨時決定的熱力擴散廠（S50）用來分離鈾，及小型的鈽實驗性質的生產廠（X90）。前者只幾個月就興建好了，後者本預備設立在阿岡實驗室內，但因太靠近芝加哥大城市，故移到橡樹嶺，其所生產及加工後的硝酸鈽，雖是幾克的微量，但送到洛塞勒福斯對鈽化學、物理性能研究非常有益。

因鈽生產須要大量用水，當作冷卻劑，故曼哈坦工程區在美國西部華盛頓州靠近哥倫比亞河附近找了近二百平方哩的地，做鈽生產及分離之用（X10），此即所謂漢福（Hanford）國家實驗室。杜邦公司以每年象徵性一塊錢的費用來操作整個計畫，包括三個生產區（每區各一平方哩），三個分離區及一個鈾調製區。用水量高達每分鐘三十萬公升（合百萬人口每日用水）。

原子彈試爆

納粹在歐洲的瓦解，就像稍早前在歐洲的勝利一樣快，德軍先在蘇聯敗退，日後北非失手，一九四三年義大利投降。一九四四年六月六日盟軍諾曼地登陸，更是希特勒政權末日的來臨。在羅斯福總統逝世不到一個月的時間，歐戰終於結束了。正如同歐

陸盟軍統帥艾森豪將軍在一九四五年五月八日勝利日所言：「成功付出了極高的代價，八萬個美國公民不像我們一樣還能看到自由的光芒……至少這一部分的戰事是結束了。」但是亞太地區的戰役還在進行中，四月到六月的琉球浴血戰，美軍傷亡就高達一萬三千人。

在橡樹嶺及洛塞勒福斯生產的鈾及鈽，到了一九四五年夏季，已經可以做成二枚原子彈了。年初，在軍方考慮投彈的目標時，軍令部部長史汀生（Stimson）堅持把排名第一的京都拿掉，他向高夫解釋京都的歷史，是日本故都及文化中心等，並說：「如果我們炸掉這個與國防無關的城市，將來戰後我們如何領導世界……。」當時保守估計，登陸日本，大概會有三萬一千員官兵傷亡。原子彈試爆是勢在必行了。

一九四四年朋橋負責原子彈試爆計畫，選擇在新墨西哥州更遙遠的一塊四百平方哩地，距離洛塞勒福斯南方的一百六十哩。這是科學家從原理、實驗、到工程應用原子能的最後挑戰。試爆中心點的西、北、南各一千碼之外設有庇護所，為儀表、管制中心及照像等用。西北區二十哩外還設立一觀測站，十一哩西南處建了一試爆營區。

一九四五年五月七日在試爆中心點附近先預演一百噸TNT的試爆，看看儀表反應、通信問題以及日後的人員分配等。六月在試爆中心點，建了一百呎的高塔。因各種因素試爆日期從七月四日延到七月中。七月十三日週五，開始裝鈽於炸彈內，次日將炸彈吊到一百呎高塔上。週日工作人員做最後檢查，晚間哈伯勞（Hubbard）在高塔附近估計未來幾個鐘頭的氣象。此時試爆營區

風雨雷電交加，週一凌晨二時哈伯勞趕到管制中心與高夫及奧本海默等人討論氣象，決定五時到六時為試爆時間。布希的帳篷在三點三十分被大風雨吹倒，他即到營區餐廳吃早飯。

七月十六日凌晨二點何蔭（Horing）連接了雷管，他是最後一個從高塔下來的人。四點三十分麥克彬（Mckibben）完成最後管線的連接，是最後一組人員離開試爆中心點。四點四十五分一千碼外的管制中心開始自動計時。

試爆結果經密碼傳到正在波茲坦開會的杜魯門總統。

> 醫生很興奮地回來了……他眼神的光可從高橋處辨別，聲音亦可從我的農場聽到。

醫生是指高夫，高橋在紐約長島二百五十哩外，農場在維吉尼亞州離華盛頓首都約五十哩。根據邱吉爾後來的回憶，杜魯門日後在與史達林談判時因有了王牌，聲音更顯中氣十足，眼神亦精灼有力。

試爆當日凌晨八點，在舊金山碼頭上，印第安那波斯戰艦正裝運將來投擲廣島的那顆原子彈，預備十天的航程到關島附近的汀倪納島（Tinina），再放入 B-29 轟炸機內，剩下的故事，就是大家都熟悉的歷史了。

2

柏林危機

冷戰早期的重要里程碑

在各聯邦國已經紛紛獨立下，一九九一年底無國可治的蘇聯總統戈巴契夫正式宣布「蘇維埃社會聯邦共和國」瓦解，總算結束了長期以來的美蘇二國冷戰。其實稍早前在一九八九年時，冷戰已實質上終結了。該年東歐共黨國家的不流血革命震撼了全世界，這一連串歷史上難以置信的事件似是昨日才發生的：八月波蘭「團結工聯會（solidarity）」當權；九月匈牙利開放與奧地利的邊界，讓大批東德百姓湧到西德；十一月柏林圍牆倒塌及捷克共產政權瓦解；十二月羅馬尼亞共產頭子希奧塞古（Ceausescu）被逮捕處決。這些華沙公約國家拒絕共產主義的事實，已讓冷戰不用一兵一卒而結束了。戈巴契夫似是有預感，在年中被訊問柏林圍牆是否拆除時答道「世上沒有一件事是永恆的」。年初雷根總統任期屆滿離開華府時也自信而堅定地宣布「冷戰已結束了」。

從第二次世界大戰後到一九九一年，近半個世紀美蘇對立，雖沒有直接軍事衝突，但從冷戰初期杜魯門時的韓戰及艾森豪、甘迺迪總統時美蘇關係的危機、詹森總統的越戰及尼克森的和解（detente）、到冷戰末期蘇聯的阿富汗戰事及雷根初期時代美蘇關係的惡化，可看出資本主義與共產主義意識形態不同所造成國際上的困惱及憂慮。冷戰這段時間雖然只是歷史上的短暫時刻，但最後的自由民主取代了共產獨裁則是後代百姓的重大勝利。

冷戰塑造了我們的命運，也改變了我們的生存。現在歷史學者已經開始討論，將來的學者也會詳細分析：是何人（who）、何事（which）、何處（where）、為何（why）、何時（when）及什麼（what）讓冷戰結束及造成蘇聯的瓦解。歷史是持續永恆的，

我們查明前因才能了解後果，清楚來龍去脈才能了解事情的真理，因此我們藉由回顧冷戰中早期的事件及相關人士所扮演的角色，或多或少會知曉上述問題的答案。

柏林

「柏林」這個納粹當權時一九三六年奧運的展示櫥窗，希特勒一九四五年自殺的德國首都，這個戰後被四強占領的城市，在冷戰中扮演了最前線的角色。從杜魯門到雷根總統的美國政策，都以柏林為美國國防的第一防線。美蘇在柏林的對立最能代表冷戰初期的危機。

從蘇聯紅軍占領柏林後對美、英、法接管柏林轄區多方的阻礙及刁難，杜魯門總統時柏林危機，艾森豪時「柏林隧道」被揭發，甘迺迪總統與赫魯雪夫為了柏林而導致高峰會議不歡而散，一九六一年柏林圍牆興建，一九六二年古巴飛彈危機（美方最憂慮的就是擔心蘇聯對柏林的報復），到一九八九年布希總統時柏林圍牆拆除，都顯示柏林是冷戰中蘇聯探試美方堅守其對柏林道義決心的戰場。正如國務卿馬歇爾所言「如果我們在柏林失敗了，那代表我們在整個歐洲的失敗」。冷戰中許多有關柏林的名言正代表美蘇對立的高峰。赫魯雪夫稱柏林是「如鯁在喉（bone in the throat）」。甘迺迪一九六三年到柏林訪問時很驕傲地提到「我是柏林人（Ich bin ein Berliner）」。雷根總統一九八七年在布蘭登堡城門（Brandenburg）前憤怒著提到：「戈巴契夫先生，請打開這扇門，請拆掉這座牆。」赫魯雪夫粗俗的一段話也最能代

表柏林在冷戰中的地位：「柏林是西方的那話兒（testicles），為了讓西方國家尖喊，我只要緊握它一下就好了。」

冷戰初期的柏林危機

歷史學者都認為冷戰正式開始於一九四六年三月邱吉爾（N1953）在美國密蘇里州西敏學院演講時提到「整個東歐已籠罩在鐵幕之內」。年初史達林已宣稱共產主義及資本主義不能和諧共存（incompatibility）。事實上二次大戰末期，巴頓將軍早已洞悉蘇聯紅軍的企圖──盡量占領東歐領土。雖然巴頓的第三軍團（四十五萬兵力包括四個軍及十三個師）有能力占領捷克，但攻擊計畫卻遭聯軍統帥艾森豪將軍取消。邱吉爾在一九四三年德黑蘭三巨頭會議及一九四五年初雅爾達及七月的菠茨坦會議時已開始憂慮史達林的野心。在歐戰後菠茨坦會議時，儘管杜魯門剛被告知原子彈試爆成功，但他還是不能說服史達林讓英美對東歐國家扮演任何的角色。

一九四八年史達林開始對這唯一在東歐共產境內美英法所控制的柏林（在東德一百一十哩境內）採取行動要與美國攤牌。蘇聯堅持柏林的貨幣要與蘇聯占領的地區統一，任何使用美英法區貨幣的人是「德國統一的敵人」。六月廿三號，柏林市政府拒絕蘇聯貨幣政策，部分人士在美英法所占領區成立另一市政府，此時東西柏林實質上已經分離了。

六月廿四日蘇聯開始封鎖（blockade）柏林，斷絕所有往美英法區的陸路、火車及水運交通（此日為杜威接受美國共和黨總

統提名）。五角大廈早已認為軍事防守柏林是極困難的事，亦不可能為柏林而啟發第三次世界大戰，但美國不可能放棄柏林，正如杜魯門總統所說：「我們一定要留在柏林。」美方政策只好退而求其次採用空投方式，提供柏林百姓所需的食物及民生用品。危機時國務卿馬歇爾還要求剛成立的中央情報局至少要在二十四小時前提供蘇聯攻擊的訊息。封鎖期每日只供應四小時電源，公共汽車傍晚六時停駛，冬季時百姓砍伐樹木及尋找煤灰取暖，空投的乾糧是百姓的日常食物。套句俗話，在此水深火熱的日子中，百姓更厭惡共產主義及加深了他們生存的目的。在世人眼光中，封鎖期更表現了柏林百姓的勇敢及毅力。

　　二十七萬次空投及二百噸物品代表杜魯門總統堅守柏林的決心。隔年五月史達林終於取消了封鎖攻策（據一九九八年柏林 *Morgenpost* 報導，蘇聯間諜麥克連（McLean）告知莫斯科，若蘇聯占領西柏林美國可能會用原子彈來報復），但稍後成立的北大西洋公約組織及東西德正式建國，則是冷戰中最早的副產品。相對地，馬歇爾（N1953）計畫及杜魯門的「圍堵理論」（containment）則是冷戰初期美國最出色的政策。

　　一九四九年在冷戰期中，除了毛澤東當權，國府撤退到台灣處於風雨飄搖之中，美國發表白皮書外，還有一個最具影響日後冷戰的事件──是年蘇聯原子彈試爆成功。一九四六年蘇聯否決了聯合國原子能國際管制的提案，果真在數年後發展了原子彈可與美國軍事對抗。

一九五〇年代事件

冷戰初期的韓戰，想必是大家都熟悉的事件：第七艦隊到台灣海峽協防；聯合國軍隊支援；中國所謂的志願兵「抗美援朝」；一九五一年麥克阿瑟被解職；一九五三年韓戰停火；一萬四千反共義士抵台。一九五〇年代美蘇二國改朝換代，艾森豪總統及國務卿杜勒斯（冷戰鬥士）擴充前杜魯門的「圍堵」政策，進而「擊退共產主義，解放共產國家」。但大體來講，冷戰的熱度降低許多。不幸地是麥卡錫事件（1950-1954）則是冷戰中美國最大的陰影。除了自我主義外，當時的環境（如一九五〇年蘇聯間諜福克斯〔Fuchs〕在倫敦及羅森保〔Rosenberg〕在美被捕，韓戰爆發，蘇聯原子彈及氫彈試爆成功等）亦造成麥卡錫的自大。

一九五六年赫魯雪夫在共黨二十全會上鞭屍史達林，其痛恨史達林的嚴酷獨裁及暴政可引用《紐約時報》總編輯法蘭克（Frankel）所描述的：「他（史達林）當政時期讓蘇聯歷史成為謊言，蘇聯法律形同贗品，蘇聯制度有如詐欺。」赫魯雪夫思想比史達林開放而「修正」，甚而提及了美蘇和平共存，還宣稱東歐國家可實行不同的社會主義。但由一九五六年蘇聯及華沙公約組織坦克車鎮壓布達佩斯抗暴事件來看，赫魯雪夫還是不可能放棄任何一個附庸國。

由中情局一手策畫的「柏林隧道」在一九五五年二月正式操作，隧道在地面下十五呎，長三百碼，窄小得只能容納一個人進出，從美國控制的柏林延伸到蘇聯管轄區，其裝設電子儀器可攔

截蘇聯所有的通訊。不幸的是，隔年隧道被蘇聯軍隊闖入而瓦解。赫魯雪夫稱此美間諜事件是「匪盜的作風」。事實上，蘇聯早已得知隧道的存在，其在英情報局的間諜布雷克（Blake）正是隧道討論中的紀錄者，但蘇聯故意不揭發以免讓西方知道其臥底的間諜，同時蘇聯也不相信美國有能力破解其密碼。此運作總共產生了五百卷磁帶，包括了四十四萬不同的訊息。

艾森豪總統親自參與的U2偵察機，是間諜史上最大的成就，但也造成美蘇冷戰的高潮。一九五四年由麻省理工學院校長克利安（Killian，總統科技顧問）所組成的委員會（包括設計U2的洛克希德〔Lockheed〕的強生〔Johnson〕及改裝照相機寶麗來〔Polaroid〕的藍德〔Land〕）建議以高空飛行的U2偵察蘇聯。從提案、計畫、設計、試飛及正式操作只費時八個月，花費亦區區三千萬元。可諷諷的是隔年八月U2試飛時正是艾森豪總統提出「天空開放（Open Sky）」的政策，即允許美蘇二國各在其領空上偵察。總之一九五六年到一九六○年U2飛到蘇聯領空二十多次，對分析蘇聯核武器的能力貢獻巨大。事實上蘇聯早已知道U2的存在，在一九五七年七月已向國務院抗議。但苦於其飛彈無法擊落在七萬呎高空飛行的U2，只好啞巴吃黃蓮、忍氣吞聲。

一九六○年五月一日由包爾（Powers）駕駛的U2從巴基斯坦基地飛往蘇聯偵察。次日美國太空總署宣稱一架偵察氣象的飛機由於天氣不良而失蹤。五日太空總署因蘇聯公布了飛機殘骸照片，進而宣稱此機可能因自動飛行（auto-pilot）而誤闖到蘇聯上空。五日晚在衣索匹亞大使館酒會中，美國駐蘇聯大使聽到蘇聯副外交部長告之瑞典大使：「我們正在訊問飛行員。」次日赫魯

雪夫正式宣布蘇聯不但擊落U2機，飛行員還承認從事間諜偵察。赫魯雪夫還諷刺「杜勒斯可不是個好的氣象員」（指中情局頭子的亞倫杜勒斯，為國務卿杜勒斯的弟弟）。五月七日美國堅持此飛行任務是為了預防蘇聯攻擊，一直保持緘默的艾森豪總統終於在十一日記者會上承認負責但拒絕道歉。在即將進行的四強高峰會前，赫魯雪夫正式要求：（一）美方道歉；（二）停止以後任何偵察活動；（三）美政府應處罰對此事的負責人。五月十六日高峰會議因艾森豪拒絕道歉而崩潰，赫魯雪夫並取消艾森豪稍後訪問莫斯科的行程。此次U2事件讓艾森豪總統覺得他無惡意的謊言（white lie）是他從軍、從政以來最大的屈辱、羞恥及惶惑。更讓他任職最後一年時美蘇關係轉為惡化，並導致一九六一年甘迺迪時代的柏林危機及一九六二年古巴飛彈危機事件。赫魯雪夫事後也認為此事件是他權力削減的主因。

柏林圍牆

　　甘迺迪當政的一千個日子，是美蘇關係在冷戰中的高潮。對甘迺迪來講，剛上任三個月後所發生的豬玀灣事件，是一個不可否認屈辱的悲劇，四月蘇聯成功的發射了第一位太空人，也讓總統擔心蘇聯在科學及太空領域領先的地位。相對地，歷經事故、老謀深算的赫魯雪夫認為甘迺迪連對其後院的古巴都不能妥善處理，更何況是幾千哩外的柏林，此時應該是考驗甘迺迪的時機了。稍早前一九五八年蘇聯已宣稱將與東德簽約，要求四強撤出柏林，以及讓德國成為「無核武地區」。在一九五九年赫魯雪夫

訪問華府時，艾森豪總統同意不在柏林擴充軍力，赫魯雪夫亦答應延後與東德簽約，柏林問題在次年四強高峰會議再具體協商。但因U2事件，導致高峰崩潰，此時赫魯雪夫再以柏林來考驗年輕無經驗的甘迺迪對留守柏林的毅力。

在一九六〇年總統大選時，甘迺迪還宣稱：「我們絕對會堅守對柏林百姓的承諾，如果赫魯雪夫要走極端，我們將會履行我們的職責。」一九六一年在總統就職演講時，甘迺迪更鏗鏘有力地特別提到：「為了自由的生存，我們會付出任何代價，承受任何負擔，忍受任何艱難。」

一九六一年六月維也納高峰會議最後一天，赫魯雪夫很不耐煩地問甘迺迪「為何美國還要柏林？」「若我們與東德簽約後，我們絕不接受美國在柏林的權利。」午餐後，赫魯雪夫更說：「假如你們侵犯了東德邊界，我們會以武力來對抗武力的。」「美國最好做些準備……我要的是和平，如果你要戰事，那是你們的事，我們會接受任何挑戰。」在此氣氛僵持分手時，甘迺迪只輕淡的說：「這將是個很冷的冬天。」《紐約時報》名記者芮斯頓（Reston）事後描述甘迺迪非常震怒。總統同其助理講的一連串粗話，也非常尖銳地描述赫魯雪夫的霸道。還沒有到冬天，美蘇關係已到了坦克車互相對立的危險時刻。

東德共產頭子烏布列希特（Uebricht）在六月十五日記者會上也宣稱：「年底後所有通往柏林的路線都要經我們的控制。」六月廿一日在德國侵略蘇聯二十週年紀念會上，赫魯雪夫再警告西方國家：「若想要瓦解社會主義的成就，它們的命運就會像納粹一樣，徹底失敗。」同時也宣布蘇聯將恢復核武大氣試爆。從

維也納回來的甘迺迪這段時間似是整日為柏林憂心，而顯得焦頭爛額。除了國務院正當管道外，總統還請教政界大老前國務卿艾其遜如何處理柏林。六月廿九日艾其遜親自給總統簡報，為了讓赫魯雪夫知道我們絕不會放棄柏林，美國應宣告「國家緊急令」，並擴充在西德的兵力，如柏林封鎖空投失敗後，美國可派兵從西德高速公路到柏林，以顯示美國不會放棄柏林的決心。

同時赫魯雪夫開始威脅英、法、德駐蘇聯大使，更取消了前已決定裁減一百萬軍力的政策。西德情報人員估計此時已有六萬蘇聯兵力及一千二百輛坦克車環繞著柏林。七月廿五日甘迺迪在電視上對全國同胞演講時特別提到「柏林是西方國家測驗勇氣及毅力的地方，我們不可能也不會讓共產黨慢慢地或用武力把我們趕出柏林」。

八月五日赫魯雪夫及在莫斯科聚會的華沙公約共產頭子同意烏布列希特採取行動封鎖柏林。烏布列希特早已指示何內克（Honecker，一九七一年當選為東德共產頭子，直到一九八九年）準備就緒。九月九日赫魯雪夫宣稱蘇聯已有的核彈頭，可讓德國變成「灰土」，次日則指派前華沙公約統帥為東德的蘇聯指揮官。年初到八月已有十六萬東德百姓湧到柏林，包括一九六一年東德的環球小姐，保守估計從戰後到此時已有三四百萬東德百姓因經濟及政治因素而遷移到西德。

八月十三日（週日）凌晨東德軍隊及警察開始在柏林興建門障及鐵條網障礙物，東西柏林火車及地下鐵交通中斷，在甘迺迪政府還沒有做出適當反應前（八月十六日西柏林報紙的標題：「西方根本沒有做什麼」），柏林圍牆已在十七日開始興建了，似

是在一夕間造成的。在此之前，雖已有東西柏林之分，但百姓仍可自由交流（東柏林百姓到西柏林看電影還有補助，號稱他們知曉馬龍白蘭度及瑪麗蓮夢露的八卦比美國人還更清楚），圍牆之存在不但代表東西柏林實質的分離，更是冷戰中美蘇對立的象徵。八月十七日東德一百姓嘗試翻越圍牆時被擊斃（至少百人因尋求自由而喪命，最後一位在一九八九年二月。）

　　八月十九日詹森副總統代表甘迺迪到西柏林給予精神鼓勵，同時一千五百名士兵在無干擾下，已從西德經高速公路順利駐防於西柏林。在危險期中，美蘇坦克在「查理檢查哨（Checkpoint Charlie）」互相對立，但幸無衝突。八月卅日蘇聯正式恢復核爆。根據甘迺迪助理鮑爾的回憶，只有甘迺迪認為圍牆不是代表美蘇關係惡化的象徵，總統的邏輯是：「如果他們要拿下柏林，為何還要圍牆？」總之柏林陪伴了甘迺迪度過了漫長的夏天。十月十七日在共產黨二十二全會上，赫魯雪夫提到：「既然西方國家已體認柏林的狀況，我們則不急需要與東德簽約。」柏林圍牆危機總算消失了。大家對圍牆的感受正如《柏林圍牆》作者葛柏（Gelb）所言：「流過了眼淚，罵過了詛咒，忍受了威脅，流出了鮮血，喪失了生命。」

圍牆後的柏林

　　柏林的地位延遲在一九七一年四強妥協，保證東西柏林交通不受阻礙下而解決了。圍牆後冷戰的焦點已經移轉到其他地方：中南美洲（一九六二年古巴飛彈危機事件及一九八〇年代尼加拉

瓜），亞洲（一九六四到一九七三的越戰及一九八○到一九八七的阿富汗戰爭），非洲（衣索匹亞及安哥拉），聯合國，甚而以色列及阿拉伯國家的戰爭。柏林圍牆很明顯區分了東西德及美蘇制度所帶來不同的政治及經濟。柏林也是冷戰中間諜報最密集處及美蘇互換間諜或異議分子之處（如一九六二年的巴爾及一九八六年蘇聯的莎蘭斯基〔Shcharansky〕）。從一九六三年甘迺迪訪問柏林，到一九八七年雷根總統在勃蘭登堡城門前的演講，都可證明美國對柏林自由民主的信心。

　　東西德領導人士也隨著美蘇和解而讓柏林不再扮演冷戰中的重要角色。圍牆興建時柏林市長勃蘭特（Brandt）因任總理時對促進東西德的交流貢獻巨大，而榮獲一九七一年諾貝爾和平獎。一九八三年此圍牆旁會對越牆百姓自動射擊的武器拆除了。更諷刺的是何內克──這位一手策畫圍牆的東德共產頭子──在八○年代末期竟宣稱「圍牆不再是分離我們，而是結合我們的」。

冷戰的末期

　　尼克森的和解政策至少讓冷戰的熱度降低許多，但一九七四年福特總統與布里茲涅夫（Brezhnev）在海參威高峰會後，冷戰又開始另一波的高峰。卡特總統的「人權」政策，讓在一九七五年簽下赫爾新基人權法案的蘇聯完全處於被動地位。一九七九年蘇聯侵占阿富汗，一九八○年波蘭「團結工聯會」成立，以及雷根總統初期的政策亦將冷戰帶到了另一個巔峰的領域（一九八○年一月《新聞週刊》的封面「另一波的冷戰」）。從總統的談話及

美蘇的政策可象徵美蘇關係的惡化。卡特：「此阿富汗事件是第二次世界大戰後對和平最大的威脅」；雷根：「蘇聯是個邪惡帝國」；美國取消參與一九八〇年莫斯科奧運及蘇聯放棄一九八四年洛杉磯奧運；一九八三年蘇聯擊落南韓波音747飛機；雷根政府的軍力擴展及發展所謂的「星際戰」，甚而部署Pershing II飛彈於西德。許多學者包括蘇聯流亡作家索忍尼辛（Solzhenitsyn，一九七〇年諾貝爾文學獎得主）都認為「星際戰」是雷根贏得冷戰的最佳賭注。

在此緊張期中，戈巴契夫（一九九〇年諾貝爾和平獎）所採取的開放（glasnost）及改革（perestroika）政策也算是冷戰結束的前兆，前中情局局長蓋茲（Gates）認為戈巴契夫在一九八六年共黨二十七全會時提到「美蘇共存的關係應擴展到永久的和平」應是冷戰結束的開始。一九八八年美國民調已有超過半數百姓認為蘇聯不再對美國有任何大小的威脅。稍後一九八九年東歐共產國家一連串民主化及圍牆的瓦解，一九九〇年東西德統一，華沙公約解散，冷戰總算結束了。更諷刺的是在一九九〇年夏天戈巴契夫與西德總理柯爾（Kohl）在莫斯科的記者會承諾「德國統一後仍可留在北大西洋公約組織」，一九九一年蘇聯國會在政變失敗後竟禁止「共產黨活動」。不論什麼原因，蘇聯的制度無論是政治、經濟、軍事、及意識形態都無法與美國抗拒。雖然每人都知道蘇聯經濟之困窘，民生凋敝，但大家都無法想像到的是冷戰就這麼快的結束了。將來是否有另外一個冷戰（《時代週刊》一九九九年六月的封面「另外一個冷戰」——意指美中），只好待未來的歷史來查證了。

3

韓戰

關於中華民國相關事跡的回憶

　　韓戰，這夾在美國引以為榮一九四〇年代的第二次世界大戰及引以為恥一九六〇年代的越戰中間，這「冷戰」後第一個「自由主義」與「共產主義」意識形態的「熱戰」衝突（一九四八年戰後的「柏林危機」衝突並沒有一兵一將傷亡），這聯合國正式參與的戰事，似是被人遺忘了，戰事的硝煙早已散去了。人們在對韓戰記憶中的點點滴滴，好像只從電視的重播劇──《野戰醫院》（MASH）中捕追（有些人還以為是在越戰）。最近在華府建立的韓戰紀念碑，至少對陣亡的美軍五萬四千人及受傷的十萬官兵多少有點緬懷與追念。歲月如梭，半個世紀飛逝而過，韓戰對美國外交政策及軍事的影響自不在話下，它對中華民國的命運，毛澤東權力的鞏固及日本經濟的起飛，更有關鍵性的影響，我們先簡述韓戰，再針對它對中華民國的相關事跡加以追述。

　　稍早的一九四九年，國民黨在大陸的軍事行動節節敗退，大好江山步步淪陷。八月，國務院發表白皮書，把「誰丟掉中國」的責任歸咎於蔣委員長及國民黨政權的腐敗（白皮書提及政權信心喪失及軍隊士氣消沉的政府是不能夠在戰役中生存的），認為國民政府的失敗是咎由自取，美政府決定放棄中華民國（一九四九年國安會〔NSC-37〕決議「台灣對美全球安全性的不重要」）。十月一日，中華人民共和國成立，年底蔣委員長從成都飛往台灣重新振作（經國先生描述民國三十八年撤退傈屬的情景，讀來真讓人傷感）。但隔年韓戰後的第三天，杜魯門總統即下令第七艦隊駛往台灣海峽，以阻止中共「血洗」及「解放」台灣的企圖。國務卿艾奇遜認為第七艦隊的另一項任務──防止國府向大陸攻擊──是怕蔣政府的挑撥（provocation）而將韓戰擴大，

進而無法贏得國際人士的支持（國務卿給在台代辦的電報中，要求轉告蔣委員長時，明確指示此台灣中立化的政策），時為遠東事務助卿魯斯克（後為甘迺迪與詹森總統的國務卿）亦認為韓戰的衝突，應局限於朝鮮半島，是故第七艦隊的祕密任務非常重要。

　　年底，杜魯門與英國首相艾德禮（Attlee，一九四五年前接替邱吉爾簽署波茨坦會議議定書）發表的聯合公報稱：「福爾摩沙問題應用和平方法解決，以保障人民利益及維持太平洋安全與和平……」並稱「反對中華人民共和國在聯合國合法代表中國的席位」（艾德禮前特別提到台灣應當歸還中國）。此韓戰改變了美國對中華民國的政策（如派香港總領事藍欽八月到台為臨時代辦，五三年四月正式成為大使，恢復對中華民國的經援，五一年設立美軍顧問團及韓戰後訂定「中美共同防禦協定」等），多少對那時處於風雨飄搖（如一九五〇年五月國務院在台代辦史強〔Strong〕密電國務院告知：「台灣命運似是注定了，中共會在六月中到七月攻擊台灣。」），國際孤立的台灣有絕對安定性的實質效益。毫無疑問，韓戰改變了中華民國歷史的軌跡。另一方面，韓戰雖讓中國恢復一個強國的形象，但卻造成了中共在國際政治舞台上的孤立，最主要是形成中美長久敵對的局面。韓戰讓毛澤東決定自力更生，不再依賴蘇聯老大哥，更讓他權力膨脹，促使毛澤東在五〇年代採取極端的反右運動及大躍進的政策，毛澤東在六〇年代文化大革命及七〇年初四人幫的行為更帶領中國進入了空前浩劫的境界。

韓戰的開始

　　一九五〇年初，國務卿艾奇遜在華府記者聯誼會（National Press Club）上沒有提到韓國及台灣是在美國遠東防禦線之內（事後並沒有證明金日成因此而入侵南韓，但許多政治家及歷史學者認為這是艾奇遜的一大錯誤）。四月，金日成與史達林討論朝鮮武力統一問題，五月，毛澤東明確表示：「若美帝國越過三十八度線，我們會完全支援北韓。」六月廿五日，在美國完全無預警下，北韓以十三萬兵力越過三十八度線入侵南韓，艾奇遜立刻建議杜魯門要求聯合國安理會召開緊急會議以譴責北韓的侵略行為。三天後，漢城淪陷，杜魯門隨後告知國民：「此攻擊南韓毫無疑問地顯示出共產主義已從顛覆到用侵略及戰爭手段來征服獨立自主的國家。」此時顧維鈞大使也轉告國務院，國府可提供三師的兵力協助南韓，六月卅日，杜魯門決定派兵支援南韓（時為盟國在日本最高統帥麥克阿瑟的建議），七月六日，安理會通過盟軍成立以協助南韓（七票贊成，埃及、印度及南斯拉夫棄權，蘇聯因中華民國在安理會的代表權拒絕出席），次日，麥帥正式被任命為盟軍在韓國的統帥。十三日，華克（Walker，第二次世界大戰時第三師長及第二十軍長）司令的第八軍團在大邱（Taegu）成立。但北韓軍隊勢如破竹，美軍（裝備舊，訓練差，士氣低）一路敗退，廿日，大田（Taejon）失手，盟軍二十四師長狄恩（Dean）被虜，到七月底，美軍已有六千人傷亡，直到八月底，盟軍才穩住釜山（Pusan）防線。轉守為攻的轉捩點是九

月十五日由麥帥一手策畫的盟軍仁川（Inchon）登陸，把北韓的補給線完全截斷。九月底，盟軍收復漢城，進而揮師北上渡過三十八線（總統月底核准攻擊北韓）。

　　十月，麥帥與杜魯門在威克島（Wake）聚會時告知總統，中共參戰的可能性不高，且戰場局勢大好，北韓軍隊可完全被殲滅，戰事在感恩節前即可結束，聖誕節前一兩個師可調回國。隨後十九日盟軍攻占平壤。但稍後彭德懷率領的志願軍渡過鴨綠江，參與「抗美援朝」的攻擊（十月廿五日為中國紀念「抗美援朝」日），卻改變了整個的戰事。美軍戰局逆轉，十一月底，杜魯門在記者會上宣布不排除考慮用原子彈，十二月中，總統宣布全國緊急狀態（月中，華克將軍車禍傷亡，由李奇威〔Ridgway〕接任第八軍團司令），年底及隔年初所謂的「中共第三次戰役」中，五十萬志願軍以人海戰術南下三十八度線，共軍再占領漢城，李承晚總統逃離首都，南下避難。四月十一日，杜魯門免除麥帥職位，由李奇威將軍（十二世紀的勇士，二十世紀的頭腦，前為八十二空降師第一任師長）接任，被撤職的主要原因即他與總統理念與政策不合（麥帥贊成轟炸鴨綠江大陸沿岸，用蔣委員長軍隊在沿海登陸），黜職離開東京時，二十萬日本老百姓夾道歡送，回國後，也大受百姓讚美及同情（五十萬人在舊金山市府前聽他演講），責罵杜魯門之聲滾滾而來。四月十九日，麥帥在國會演講的「老兵永遠不死，只是逐漸凋謝」，更是名垂千古，此時中共以二十五萬兵力（第五階段攻擊）與美軍展開了韓戰中最大的戰役。

麥帥的韓戰與台灣

北韓越過三十八度線當晚，聯參會主席布萊德雷（Bradley，前為巴頓將軍第二軍的副軍長，諾曼第登陸指揮官）在總統賓館（Blair House）國安會議時，認同麥帥寫給國防部長強生（Johnson）五頁的備忘錄中提到台灣不能淪為共產主義控制及台灣防禦的重要性，隨後杜魯門指示第七艦隊駛往台海巡邏。六月卅日，聯參會致電麥帥正式拒絕用蔣委員長的軍隊（五十二軍）參與韓戰（稍早前艾奇遜建議總統）。根據中國之友眾議員周以德（Judd）回憶，他建議麥帥到台灣訪問（畢竟他以遠東司令主管第七艦隊協防台灣），七月中，陸軍參謀長柯林斯（Collins）到東京拜訪麥帥，並被告知待戰役穩定後，麥帥有要訪問台灣的計畫，廿八日，聯參會密電麥帥，中共已宣稱要解放台灣，並告知已建議國防部長可不必約束蔣委員長的軍事行動，麥帥回電表示他即將到台訪問，聯參會告知他可派代表到台（事實上艾奇遜已轉告國防部長，麥帥本人不適合到台訪問），但若他認為需要，亦不反對他自己去。七月卅一日，麥帥台北之行（與孫立人握手，親蔣夫人手的照片傳播各地）讓國務院驚愕，更讓總統擔心。艾奇遜向總統報告，國務院在台代辦史強竟完全不知麥帥在台的活動（麥帥在八月七日才向聯參會報告台北之行的行動），國務卿亦向總統確認是否有三小隊戰鬥機要駐防台灣的謠言（總統否認及反對），隨後遠東司令政治顧問告知艾奇遜，麥帥與蔣委員長只討論雙方的軍事合作，麥帥亦反應國府對國務院在台人

員敵意（hostility）的憤恨（resentment）。八月四日，總統親自交代國防部長轉告麥帥「除了總統之外，無人可做任何關於中國大陸政策的決定」。隨後杜魯門又再特別叮嚀總統特別助理哈里曼（Harriman）到東京訪問麥帥時轉告：「千萬不能與中共交戰，同時在軍事方面，只能建議，而不能做最後的決定。」

　　讓總統非常生氣的是麥帥預備叫人在芝加哥榮民聯誼會宣讀他的演講稿中，提到台灣戰術地位的重要性，並稱台灣為「永不沉沒的航空母艦」及「潛艇母艦」。總統立刻要求國防部長轉告麥帥撤回此演講。更讓總統憤慨的是此演講已由在日本的陸軍通訊中心傳遞到芝加哥，此時總統已告知國防部長，他預備要解除麥帥職位。此演講雖未在榮民會發表，但卻登在《美新聞與世界報導》上，引起蘇聯指控美不擇手段想利用台灣作為遠東基地，中共亦強力指控美國對台灣的侵犯。

　　杜魯門為了化解他與麥帥的誤解，在十月親自飛到威克島與麥帥會面（麥帥在機場迎接時，居然沒有向總統行軍禮），會後二人私下或公開皆稱讚對方。在十一月韓戰軍事失敗後，麥帥提出四點計畫：（一）封鎖中國沿海；（二）轟炸滿州；（三）用蔣委員長軍隊參與韓戰；（四）蔣在台攻擊大陸沿海區另闢戰場。麥帥在十二月也發表了「在歷史軍事上，沒有一次如此地受限制及障礙」的聲明，這些舉動簡直是公開批評與挑戰總統的政策，杜魯門此時更加深他要解職麥帥的意念（但怕世人認為是因麥帥軍事失敗的原因，而作罷）。隨後麥帥一連串的聲明，包括三月廿三日談到美國外交政策，特別是將韓戰擴大到中國內陸，完全不符合華府的政策。根據馬歇爾後來的說法，杜魯門此時已

是忍無可忍了。最後導致麥帥被解職的是他寫給眾議員少數黨領袖馬丁（Martin）的信中，談到「用蔣委員長的軍隊與邏輯及傳統並無衝突」（is in conflict with neither logic nor tradition），同時亦談到「勝利沒有替代品」（no substitute for victory），當馬丁四月五日在國會公開此信後（此日羅森伯夫婦間諜被判死刑），總統與哈里曼，國防部長（現為馬歇爾）及聯參會主席（各軍種參謀長皆認為麥帥越權）討論麥帥的去留，終在十日總統正式宣布解職麥帥。

麥帥回國後在國會演講中仍提到「去除任何限制蔣委員長在台海的軍事行動」，總之，麥帥似是非常二極化的人，被人爭議不斷，喜歡他的人說這時常叨根菸斗的人是歷史上最偉大的軍事戰略與戰術家，其他人卻說他是無知（ignorance）、天真（innocence）、自大（arrogance）、自負（vainglory）、白癡（foolishness）、無能力（incompetence）、出風頭、不接受批評、及不服從，連杜魯門總統對麥帥軍事觀念也深不以為然，總統認為他眼光狹小，只局處於亞洲，比方說，在第二次世界大戰中，他看不出在亞太戰役結束前，必先贏得歐戰的政策。

我們引用接替他的李奇威將軍在麥帥被解職時拜訪他後的反應，可看出麥帥的個性。

　　他還是和平常一樣——鎮靜、安雅、溫和、友善並願意幫助繼任他的人。在他的言詞裡，一點都沒有尖酸刻薄或忿怒的語調。他能如此平靜地接受事實，看不出任何激動，這正顯現出這位偉人積極樂觀的性格。

　　一九五一年五月，布萊德雷在國會做證時，提到麥帥的韓戰時說到了一段極富哲理的話：「他在錯誤的地點，錯誤的時間，同錯誤的敵人，進行一場錯誤的戰爭」（The wrong war, at the wrong place, at the wrong time and with the wrong enemy）。他亦提到「即使讓蔣委員長到彼岸，他也不能贏得彼岸百姓的支持」。總之，杜魯門與麥帥倆人行事果斷，各說其語，衝突時，在美國政治制度下，只好麥帥生涯結束下台走路了。

韓戰戰俘與台灣

　　一九五一年七月，開始了韓戰談判的序幕，一九五二年一月，聯合國提出戰俘「自願遣返」，若被俘的中國戰俘拒絕回中國（違反日內瓦和約，但美當時還未批准此和約），而自願到台灣，自當為美與中華民國外交與人道上的勝利。五月停戰談判，只剩下戰俘問題尚未解決，八月與史達林在莫斯科會談時，周恩來特別提到毛澤東要求所有中國戰俘應被遣回中國，此戰俘交換問題，讓停火談判陷於僵局，或許將戰役拖長了十個月。

　　在戰俘營中為了戰俘遣返問題，有許多騷亂和暴動，五月在巨濟島（Koje-do）發生了戰俘叛亂及營區司令杜德（Dodd）准將被扣留做人質。此時李奇威接任艾森豪為北大西洋公約武裝部隊司令，韓戰盟軍司令則由克拉克（Clark）接任（克拉克在二次大戰時為第三軍團司令參與義大利戰區，後任陸軍參謀長，韓戰後做了十一年南卡要塞軍校〔Citadel〕校長），一九五三年二月，泰勒（Taylor）接任第八軍團司令（泰勒在第二次大戰諾曼

第登陸時為101空降師師長，戰後西點軍校校長，韓戰後任陸軍參謀長，深受甘迺迪及詹森總統倚任，任聯參會主席及駐越南大使）。

　　隨後在巨濟島的戰俘暴動，造成百餘位戰俘死亡（蘇聯真理報導此行為比希特勒還更有過之），在年底的峰光島戰俘營由於越獄行動，亦造成八十多位戰俘喪生。或許是無稽之談，或許有些是有跡可尋，許多戰俘營的守衛向中國戰俘用武力威脅或灌輸思想（indoctrinate）要他們選擇到台灣，不可否認的是許多戰俘的頭子是前國民黨的軍官，許多翻譯官或「面試」戰俘意願的審判官是台灣去的語言家（遠東防衛司令出面邀請），同時傳統中國人的觀念是戰俘有辱家門，有損國格，是故若被遣返回中國，將無顏見江東父老。總之這些不願被遣返回自己國家的戰俘，先轉移到「中立遣返委員會」停留三個月，以保證他們自由意志下的選擇，最後三分之二刺青、寫血書、絕食的中國戰俘在一九五四年初回到台灣，不曉得年輕的國人是否還知道一二三自由日的典故。

　　一九五二年十二月，剛被選上總統的艾森豪到韓國訪問，鼓舞官兵士氣，保證早日取得和平。年底周恩來抗議聯合國由印度提出戰俘「中立委員會」的草案。一九五三年三月，史達林逝世，蘇聯頭子馬林科夫（Malenkov）提出「和平共存」。月底，彭德懷與金日成同意戰俘交換，此時聯合國祕書長賴依（Lie）因蘇聯不信任而辭職，由哈瑪紹接任。五月底，中國進行了最後一次大攻擊，七月廿七日韓戰終在板門店簽下停戰協議後結束了。此美國僅有五位五星上將中就有四位參與的韓戰（馬歇爾、

麥帥、艾森豪及布萊德雷）在美國軍事歷史上，居然打出平手，沒有贏家的戰爭，難怪克拉克說：「在美歷史停戰簽約中，我是唯一沒打贏的簽字者，沒什麼值得高興的。」

　　五十年過去了，時空迥異，人物相變，但背景依舊。朝鮮半島因最近北韓的許多舉動，又讓人談到這塵封已久的歷史舊事。更有趣的是，現在南韓與中國經濟關係的親密，美國也想要中國說服北韓放棄核武，這真應驗了五十年風水輪流轉，過去的敵人似是現在的朋友，過去的敵人也不再是永久敵人的名言了。

4

八二三戰役

美國對中華民國的角色

　　發生在民國四十七年八月廿三日，震驚中外、史無前例的戰役，距今已過了快半個世紀，這個由中共北戴河會議後，決定攻擊金門的軍事行動，除了考驗我外島的防禦及官兵的士氣，最主要的是試探美國對中華民國援助的信心及程度，同時看看一九五五年所生效的「中美防禦條約」成效到底如何？毛澤東親自交代葉飛（福州軍區政委）主持攻擊計畫，七月廿四日，他已完成炮兵陣地作戰部署，同時中共空軍已於廿七日開始進駐連城、汕頭、漳州及龍田機地。這場戰役中，中共在四十四天之內，射擊近五十萬炮彈，企圖癱瘓金門，引起兩岸從一九四九年後最大的危機及世界各地的關注，也考驗全國軍民的士氣。十月六日，中共國防部長彭德懷宣布停擊六天，此危機才慢慢平靜下來。

　　我們應珍惜此一轉危為安的歷史轉捩點，尤其是在緬懷三位副司令（趙家驤、吉星文及章傑）戰地殉國及前線坑道、碉堡、戰壕官兵們甘苦之時，更應感謝當時英勇的守軍將士對現在台灣的安定、繁榮及富裕所付出的代價及貢獻。坊間已有許多報導，包括炮戰、空戰及補給船隊的海戰，軍史檔案也有官方的策略及與美協商的紀錄，但美國扮演的內幕角色到底如何？我們從部分公開的電報（國務院、太平洋美軍總部、大使館及美軍協防司令部），國務院的備忘錄及白宮國安會議的紀錄，才真正看到了許多支持我們那時候處在風雨飄搖，民心動蕩的美國忠實友人。從這段歷史，我們才更清楚美國支援八吋巨炮及響尾蛇（Sidewinder）飛彈的來龍去脈。無疑地，此二項威震廈門及擊落米格機的武器，在許多軍事評論者都認為是讓中共停火的主要原因。

　　一九四九年古寧頭戰役後，特別是在一九五五年大陳官兵撤

退後，中華民國政府加強部署金馬外島防禦，稍早前（一九五四年）金馬小危機時，蔣總統甚而宣稱「必保金馬，戰至最後一人」。到一九五八年時，已有十萬兵力駐防外島（單是金門就有七個陸軍步兵師）。

民國四十七年六月十八日，美U2偵察機飛往中國大陸探察，顯示沿海地區尚無特別的軍事部署。七月十四日，中華民國政府內閣小幅改組：陳誠副總統兼行政院長；黃少谷轉任外交部長；葉公超改派為駐美大使。七月廿九日，國府二架F-84飛機在東山島上空被擊落，莊萊德大使（Drumright，三月才接任前藍欽大使）在卅日致電國務院時，特別提到俞大維部長告知美軍協防司令寶亦樂（Doyle）中將，要求美國派遣空軍一中隊駐防台灣以定軍心。稍後，國務卿杜勒斯回電告知，聯參會從現有的情報中，看不出中共會對外島採取攻擊行動，要求大使轉告陳院長，「美方不認同中華民國政府以自衛為理由而轟炸彼岸」，同時亦贊成美F-100駐防台灣，但要求國府對此訊息不能公開，以避免提升台海緊張的氣氛。

八月二日，新上任的美軍協防司令史慕德（Smoot）中將傳電給太平洋總部，特別提到俞大維所提，「蔣總統會自制，不會貿然轟炸大陸沿海」，但他（俞）不能完全保證（大陳撤退時，俞部長告知美方，國府要轟炸彼岸，雖遭美軍顧問團長蔡斯將軍的堅決反對，但在一江山淪陷後，空軍還是針對沿海區及船隊實施報復性轟炸）。史慕德亦告知俞部長，美國對國府的自我約束，深表讚許。莊萊德向國務院報告時，要求美軍提供響尾蛇飛彈。八月三日，莊萊德與外交部長次長沈昌煥聚談時，特別強調

一九五四年中美雙方的默契：「緊急自衛不代表中華民國政府可轟炸彼岸沿海基地。」

　　八月四日，史慕德早上與俞部長商談，下午參與蔣總統的軍事會談，隨後他傳電到太平洋總部，強調台海衝突的嚴重性，提到蔣總統的要求：（一）提供響尾蛇飛彈；（二）盡速交付F-86戰機；（三）派駐F-100中隊在台；（四）調派第七艦隊協防台灣海峽。八月五日，莊萊德亦告知國務院相似的訊息，並特別提到俞部長要求美總統是否可公開提及「對金馬的攻擊是針對台澎的威脅」。六日，國務院回電，告知太平洋總部已準備好運交響尾蛇飛彈及二十架F-86戰機，同時中美可舉行聯合防禦演習。七日，莊萊德告知國務院，他認為中共不會為了解放台灣，而導致美國的參戰，但中共會採取心理戰，取得制空權及可能以封鎖外島來窒息金馬，達到孤立台灣的目的，他要求國務院對中共採取嚴厲的態度，對中華民國政府表達堅定的支持及信心，同時大使也反應蔣總統希望「金馬亦納入台澎的防禦條約之內」。

　　八月七日，中情局長艾倫杜勒斯（國務卿的弟弟）在白宮國安會議時，提及台海危機熱度上升，同時展示中共戰機（但無轟炸機）在沿海的部署，他分析中共米格十七較國府F-84及F-86性能優異，中共可能會用海空軍封鎖外島，他特別表示中共的軍事攻擊似是針對國府的游擊隊行動（四月廿九日，東亞助卿勞渤生〔Robertson〕告知莊萊德，美國完全不鼓勵游擊戰）。他亦認為中華民國政府對中共侵占金馬的威脅，太過強調（overplay）及過分戲劇化（overdramatize）。隨後，艾森豪總統明確指示：「美方不需參與金馬防禦任務，除非出現中共侵犯台灣的前兆（prelude to an attack）。」

　　八日，副國務卿赫特（Herter）特別要求若中共封鎖外島，美方應準備外島補給物的護航方案，勞渤生給杜勒斯的備忘錄提到中共此時已有三十六架飛機駐防鎮海，二十九架在龍溪部署，他並建議：（一）提供響尾蛇飛彈；（二）支援二十架F-86戰機；（三）要求U2監視共軍部署；（四）F-100輪調換防式駐紮台灣。是日，大使告知國務院，俞部長與史慕德談話時，再度希望美方能提到「對外島的攻擊，是針對台灣的威脅」。十三日，艾森豪總統告知國務卿，他不認為中共進攻金馬即代表進攻台澎，但他承認若中共攻取外島，將會造成中華民國政府嚴重的士氣打擊。次日莊萊德建議國務院，若官方宣告「進攻外島，即是對和平的威脅」的聲明，會鼓舞國府的士氣並對中共產生嚇阻。

　　十四日，莊萊德向國務院提出的報告指出，黃少谷稱內閣認為馬祖可能將遭到首波攻擊並轉告中華民國政府與中共空戰3：1的成果。此日，白宮國安會議中，中情局局長再度強調中共無登陸外島的企圖，聯參會主席唐寧（Twining）則要求美應協助外島防禦以防中共登陸，但此政策事先不要告訴國府。艾森豪總統認為蔣總統早已了解美國不會協助防禦金馬，但仍駐防十萬大軍，似是硬想把美國拖下水。十五日，副國務卿赫特主持聯參會軍事討論，提到以核武器轟炸中共沿海基地，甚而深入內部腹地。隨後赫特寫給杜勒斯的備忘錄中，要求國務卿與總統討論是否請求蘇聯外長葛羅米柯（Gromyko）轉告中共，美對其軍事攻擊表達關切的立場。主管政策計畫的次卿史密斯（Smith）的備忘錄中，則要求美草擬其他軍事方案，他亦強調美國不值得且不

能接受為了金馬外島與中共一戰。是日，莊萊德提醒黃少谷，根據一九五四年十二月的協定，任何中華民國政府的攻擊須先與美方諮詢（事實上早在一九五三年四月，國府已承諾藍欽大使）。

八月十九日，莊萊德告知國務院，根據中華民國政府情報，中共已有一百四十八架米格機部署於沿海基地。史慕德將軍繼續要求國府自制，切勿轟炸彼岸基地。廿日，美U2再度到中國監測。是日勞渤生寫給國務卿備忘錄第一句即強調：「我們現在需要做一決定是否要防禦外島。」若對北平提出警告，我們則應以實際行動來證明，他分析若不防禦外島，則須採取一連串方案，包括要求中華民國撤出外島。若決策是防禦，則應採取積極行動，更應考慮軍事行動的後果（提到聯參會討論的核武器），他認為此防禦政策不能公開宣稱。他自己則建議：（一）防禦外島；（二）經由外交管道警告北平；（三）正式聲明「共黨對外島的攻擊是對整個亞洲和平的擾亂（特別提到是葉公超語）」；（四）採取快速對中華民國政府的援助，包括飛彈及第七艦隊在台海巡邏。這四點建議，都有「贊成」及「反對」欄，供國務卿最後裁決。

廿一日，白宮會議時，中情局長認為中共雖有能力隨時攻擊外島，但他不認為中共會對外島直接攻擊。砲戰前夕，國務院為台海危機召開會議，出席者包括中情局長，聯參會主席及國防部人員，其中結論為：（一）第七艦隊增為三艘航空母艦；（二）第七艦隊在台海之外進行軍事演習；（三）史慕德將軍到外島訪問；（四）增加軍事補給物；（五）支援兩棲登陸艦。同時告知中華民國政府，若中共空軍的攻擊似是針對台灣，則此歸納於所

謂的「緊急」狀況，國府有權採取報復，國務卿甚而提到「我們所要做的行動比我們的言詞更重要」。

　　砲戰後次日，莊萊德將他及史慕德與蔣總統會談的結果告知國務院（出席者還有陳誠、黃少谷、俞大維及王叔銘），會談中蔣總統特別強調若攻擊彼岸，必事先與美協商，俞部長也再次強調美國應正式聲明，「對金馬的攻擊即視為對台灣的威脅」。他（莊）告知俞，國務卿致函眾議院外交委員會主席時即已提及此聲明。總統隨後問之「金馬是否可包括在中美防禦條約之內」？大使告知，此修改法案，需要參議院正式通過。史慕德亦告知總統他（史）應親往外島視察，同時也建議總統能訪問第七艦隊（九月六日，第七艦隊司令延緩邀請蔣總統訪問），在電報的最後一句，莊萊德要求國務院應警告中共，若對外島展開攻擊，將產生嚴重後果。

　　廿五日，華府異常忙碌，早上國務院的會議（出席者包括中情局長及聯參會主席）已決定防禦金馬，並歸納下午在白宮會議的討論事項，白宮會議後，國務院正式電告莊萊德，美國的防禦只針對大小金馬及馬祖地區的五個大島，並特別告知大使，此訊息不要告知中華民國政府。董顯光大使銜職回國前拜訪國務院，亦談及美國需要一個正式官方支持國府的聲明。副國務卿赫特在其寓所與中情局長談及未來祕密的行動，同時考慮萬一其他國家在聯合國討論台海危機時，美方應變的態度。是日聯參會主席告知太平洋總部：（一）四艘驅逐艦加入第七艦隊；（二）支援六架F-100；（三）準備護航補給船到外島；（四）支援一個勝利女神（Nike Hercules）飛彈營；（五）美戰略總部十五架裝載核

武器的B-47，可在總統授權後三十小時之內使用，並特別交代有關護航及核武之事不要告知中華民國政府。

廿六日，莊萊德在電報中提及蔣總統對中共魚雷快艇所引起的危險性非常憂慮（廿四日中共擊沉我一登陸艦），蔣要求美方協助維持台海到金馬航線的安全，大使特別提到蔣憂慮的心情竟而忽視了美方提供中華民國政府軍援的好消息。次日，大使要求太平洋總部授權史慕德釐訂中共若封鎖外島後，美方應對的方案。廿七日，蔣總統傳給艾森豪六頁的訊息，特別要求美應明確宣示防禦外島，維護台海航線的安全及國府自衛時有權轟炸彼岸。是日，艾森豪總統在記者會中談及美國不會背棄它對中華民國所負的責任。中情局局長在白宮國安會議時，估計中共已有二百架飛機部署在沿海地區。

廿九日，五角大廈討論艦隊護送補給船。在白宮會議時，海軍軍令部長勃克（Burke）告知可支援在琉球的八吋榴砲。談到國府大量兵力駐防外島時，總統認為蔣在島上的官兵似是人質。副國務卿則幽默地提到，他已指示莊萊德盡量避免蔣與您（艾）以後的信件來往。卅日，國務院聲明中只提及中共「侵略性的擴張主義」。卅一日，莊大使告知國務院，蔣對艾森豪回覆他的信函感到非常失望，他（蔣）甚而提到美國的態度是無人道及不公平。大使希望明日陸軍參謀長布勞爾（Brucker）拜訪蔣時，能平撫他的心情。是日，太平洋總部致電聯參會要求海空軍護送補給船到外島。同時「真理報」亦聲明：「蘇聯會在道義及物質上援助中國以解放台灣。」

九月二日，國務卿與軍方會談時，唐寧再度提出用小核武轟

炸中共基地，隨後聯參會告知太平洋艦隊總司令費爾特（Felt）上將，第七艦隊有關護航的「作戰準則」，包括不能在大陸沿海三哩內操作，還告知已要求總統授權美軍參與外島防禦。正好是日史慕德給費爾特電報中，報怨中華民國政府海軍迄今尚未進行任何運補的任務。三日，駐防沙嘉緬度（Sacramento）的二十架載掛響尾蛇飛彈的F-86戰機，準備到台灣正式運交十二門八吋巨炮。四日，中共外交部宣布領海為十二海浬，是日杜勒斯要求恢復「中美會談」（華沙會談，由於中共拒絕美方無大使官銜的代表而中斷）。此日艾森豪告知國務卿，共產核武的報復多半是針對台灣。九月七日，周恩來亦提出「中美大使會談」，十二日國務院告知莊萊德，美預備在「華沙會談」時要求停火，隨後葉公超在華府宣稱：「我們不會接受恐嚇而屈服，也不會聽第三者的勸告。」十八日，國務院給葉公超的信函中，提及王炳南大使拒絕「停火談判」，他只要求美帝國主義撤出台灣。

九月八日空戰時，國民政府擊落七架米格機，但卻有一艘登陸艦遭共軍炮擊擊燬。是日美空軍副參謀長李梅（LeMay）將軍來台訪問。九日，U2再到中國監測，同時美艦正式開始護航，此日因中共停止射擊，國府順利卸下三百噸補給物品，但後續二次（八日及十一日）補給艇則因遭受射擊而回航，十三到十八日的五次任務中，每次只卸下二十五到七十五噸物品。十八日巨炮已運抵金門，是日陳誠告知史慕德，即使補給完全成功，中華民國政府不可能長期如此順從地被處罰，十九日，莊萊德建議國務院，美應放棄「華沙會談」及在聯合國譴責中共。同日，赫魯雪夫致函艾森豪要求美國撤離台灣。廿日，陳誠告知莊萊德，中華

民國政府絕不放棄金馬。是日，勞渤生告知葉公超美不會在華沙會談中出賣中華民國。

九月廿四日，莊萊德傳訊給國務院，告知蔣要求美軍參與金門空投，前晚蔣與費爾特會談時即談及此事，但費總司令告知總統，太平洋總部無決定此政策之權責。廿六日，國務院二封回電，告知美不參與空投，但可參考太平洋總部的建議——提供國民政府C-119運輸機。是日，國務院內部會議討論大膽二膽兩小島的補給。卅日，杜勒斯在記者會表示「若中共停火……金馬駐守過多軍隊實為不智……」。

十月一日，葉公超拜訪杜勒斯，國務卿特別提到國府補給運輸成效不佳，包括其他八吋砲的運送，根據葉公超的解釋，海軍總司令梁序昭說是金防衛司令胡璉下令，若有砲彈射擊，運輸船／登陸艇立即撤回。二日，莊萊德密電告知國務院，蔣聽到美想與中共談判及建議從外島撤兵時，非常緊張（tense）及心情紊亂（disturbed state of mind），他（蔣）特別強調他在九月廿九日記者會中，已明確表示金馬不是進攻大陸的跳板，他亦不需要美國軍隊協助防禦金馬，但他決定即使戰至最後一滴血，也絕不會從外島撤退。

十月六日停火時，聯參會已告知史慕德，美應停止護送補給船。此時，代理國務卿赫特告知莊萊德，務必要求中華民國政府避免採取任何煽動性的行動，而使中共恢復敵對狀況。次日，史慕德要求國府快速運送剩下的六個八吋巨砲到金門，同時為了不必要的糾紛，參謀總長王老虎（電報多稱為老虎）告知史慕德，本週內不會到大陸進行監測及散發傳單。八日，國務院正式聲

明：「美軍護航活動因停火而停止，若中共一旦展開炮擊，護航行動隨即恢復。」十日，莊萊德及史慕德都認為中華民國政府應從大二膽島撤出，但此時不宜與蔣商談此事（九月廿八日，葉公超已被告知大二膽防禦是最為不智）。十一日，八吋巨砲運抵金門。十三日，北平宣稱再停火二週，是日蔣總統會見國防部長麥艾樂（McElroy）時，再邀請國務卿來台訪問（三月中，杜勒斯已來台），次日，葉公超拜訪國務卿時又轉答蔣總統的邀請，國務卿重申國民政府如此重兵駐防外島實無任何軍事價值。

危機似是平緩了，十月十五日，蔣總統授勳九位美軍協防司令及顧問團人員，以感謝他們對台海危機的貢獻。廿一日，杜勒斯從羅馬飛抵台北，在他給艾森豪的電報中，以幽默的詞句提到：「我相信您與選民的談話溝通，將會比我與委員長的談話更具說服力。」在廿三日給艾森豪電報中，他提到委員長原則上接受金馬駐軍的減少，在隨後發表的「中美聯合公報」亦提及減少外島駐軍及不主動對大陸使用武力。廿二日U2照片顯示彼岸軍事沒有新的部署。廿七日，林語堂回國對鼓舞士氣深具影響。十一月十三日王叔銘與美軍顧問團長杜安（Doan）將軍達成協議，同時經蔣總統核准，一萬五千官兵撤出金門，美方再供給十二門二百零四公釐榴砲及十二門一百五十五公釐加農砲，增加曲棍球（LaCrosse）飛彈，及一個坦克營……。

以後國共另一次台海的飛彈危機（一九九六年）及美國所參與的政策都是大家熟悉的歷史了，將來台海是否再度有危機，以及美國所扮演的角色，只好留待未來的事件及歷史來說明了。

5

美國在台部署核武的始末

　　最近國防部公布了民國五十年「金門八吋榴砲發射戰術核彈之研究案」，經由媒體報導後，引起不少關心「台灣核武」讀者的重視，我們趁此機會概述美國在台部署核武的始末，希望能對台灣核武之事劃下最後的句點。

　　美國在冷戰早期已在世界各地都有核武的部署，在遠東方面包括關島（一九五一年開始）、琉球（一九五四年）、韓國（一九五六年）、菲律賓（一九五七年）及中華民國（一九五八年）。這些核武可藉由轟炸機、飛彈（如勝利女神〔Nike Hercules〕、屠牛式〔Matador〕飛彈）或火炮發射（如八吋榴砲）。部署這些核武的主要目的是針對蘇聯及中共產生嚇阻作用，真正使用的機會等於零。如上文所述，在八二三戰役前後，美國曾考慮以核武轟炸中共基地（包括八月十五日聯參會的軍事討論，廿日勞渤生寫的備忘錄及廿五日聯參會主席告知太平洋總部用核武的指令），事實上早在金門小危機（1954-1955）後，中美已達成協議在台部署屠牛式（Matador）飛彈。民國四十五年一月廿三日，太平洋空軍總部建議遠東空軍司令部在翌年將戰術飛彈一小隊駐防台灣，五月四日，藍欽大使回電國務院告知可行性，七月廿三日，勞渤生告知時為國際安全事務助理國防部長格雷（Gray），他亦贊同此案，八月底，國務卿杜勒斯要求藍欽大使正式轉告國府此訊息，隨後（九月初），大使回電國務院轉告「國府外交部同意美部署屠牛式飛彈」，十二月及翌年二月，俞大維部長來美做例行身體檢查與國務院官員聚會時，要求快速興建屠牛式飛彈基地（亦要求勝利女神飛彈），民國四十六年三月，勞渤生寫給國務卿的備忘錄中，要求正式與中華民國談判在台澎部署屠牛式飛彈事

件（賴名湯為我方規畫員），五月，第一批飛彈從佛羅里達州運到新竹，隨後王炳南大使在華沙「中美會談」時強烈提出抗議，十二月，美868飛彈隊（第17戰術飛彈中隊）駐防台南（大約十二枚飛彈）。此地對地屠牛式飛彈已在一九四九年正式操作（一九五四年駐防西德，飛行速度每小時六百哩，高度四千四百呎，可飛行六百二十哩），可掛載一千噸TNT核彈（比一九四六年美第一顆原子彈試爆威力還小），次年五月，俞部長還陪同蔣總統視察飛彈測試。這些飛彈確有裝載核彈頭的裝備，此乃一九九九年解密資料提到台灣有核武的布置（包括轟炸機及此屠牛式飛彈），台灣亦構築完成核彈頭之貯藏庫，更重要的根據是一九五八年十二月卅日國務院備忘錄中提及美在各地部署核武是不能公開的，亦強調核武是由美方管理（custody），而反駁國府建議第五項要求我方人員參與作業（寶亦樂在一九五八年一月告知王叔銘，太平洋總部拒絕國府飛行員投擲核武的訓練）。此屠牛式飛彈已在一九六二年被新的模型取代（同年，美撤出屠牛式飛彈）。

美核武在一九七四年正式從中華民國撤出（該年亦終止U2的偵察與情報蒐集任務），國務卿季辛吉在一九七三年十一月訪中國大陸時，曾告知周恩來美從台撤離核武的意願。隔年四月十二日，國防部長史勒辛格（Schleslinger）與尚未到任的安克志大使及中情局沙利文（Sullivan）會談時，他特別強調在撤出F-4幽靈式戰機（可裝載核武）前，我們一定要先撤出核武，五月二日，時為代理大使的來天惠（1978-1981為美駐南韓大使）回電國務院（六頁），告知蔣經國院長同意撤出核武但希望盡慢撤出

F-4戰機（馬康衛大使在一九六八年八月回電國務院告知蔣總統要求F-4Cs，但到一九七二年底，F-4才駐防台灣），電報中他還提到蔣院長說：「二十架F-5A還不如F-4一中隊。」（二十架F-5機前由中情局協商借給越南）五月廿七日，太平洋總部正式指示：「F-4一中隊七月底撤出，另一中隊隔年五月撤出，同時所有核武在年底從台南基地撤出。」（許多人誤為貯放在台中清泉崗基地）至於何時開始，筆者尚未找到資料佐證，但從一九九九年解密資料中顯示台灣在一九六二年已有核武的布置。

　　關於一九六一年八吋榴砲載核彈之案，這年是民主黨甘迺迪上任初期，蔣中正總統不可能忘記民主黨杜魯門時代的大陸失守及隨後國務院宣布的白皮書，加上一九六〇年美國總統選舉時，甘迺迪及尼克森為金馬防禦辯論，讓蔣中正總統判斷甘迺迪對台政策（包括對外島的防禦）會有所轉變，這段時期也為了我們的聯合國代表權問題、外蒙入會、兩個中國陰謀，讓蔣總統憂心煩惱（莊萊德大使認為他到任後，這段時期是蔣總統心情最壞的時期），此外美在一九六〇年提出國軍五年軍援計畫時，刪除了可載核武的誠實約翰（Honest John）飛彈，美政府亦重新考慮對外島防禦的政策（如要求撤出大二膽），因此蔣總統想盡方法必保金馬（例如艾森豪總統衛職前，蔣總統在一九六〇年十二月十四日寫信給艾森豪要求援助幾架C-130運輸機）。是故參謀本部究討八吋榴砲發射核彈之案是可理解的，美軍方拒絕的原因（無戰術價值）更是可領悟的。事實上美國早在一九五六年，已在西德部署帶核彈的八吋榴砲（一九五七年琉球、一九五八年韓國），其威力亦僅有五百到二千噸TNT（最大射程為二十一公里），但其

戰術及戰區（theater）的價值幾乎沒有，反而可能引起核戰的危機，是故老布希總統在一九九一年正式廢除所有可藉由「火炮」發射的核武。

6

U2偵察機

發展的歷史及對中蘇的監測

　　早一輩的人還依稀記得美蘇二國在冷戰時期尖銳的對立。從波茨坦三巨頭（杜魯門、邱吉爾、史達林）會議（一九四五年七月）後，到二次世界大戰結束（一九四五年八月）的短短時間，美蘇二國已為了德國及東歐國家的未來，開始了實質上的冷戰。一九四六年邱吉爾的「鐵幕」演講，啟開了西方國家及共產主義意識形態的對立，將冷戰正式浮現到檯面上了。隔年杜魯門總統的「圍堵」政策只是消極地防止共產主義的擴張。隨後一九四八年「柏林封鎖」危機是美蘇可能有武裝對立的緊張時刻，這些經由槍、砲、坦克等傳統武器而可能觸發的軍事衝突，已引起世人高度的關切。

　　蘇聯先後成功地試爆原子彈（一九四九年）及氫彈（一九五三年），此美蘇二國各擁有核武的事實，更把冷戰帶到了新的高潮。一九五三年艾森豪總統在就職演講時，特別提到：「我們面對此動亂時期，不會恐慌與困惑，只有決心及信心；我們追求和平，但絕不會為和平而妥協。」他就任後一手主導發展的U2偵察機，毫無疑問地是一九五〇年代冷戰中對美國最大的貢獻。從U2建議、計畫、設計、試飛及操作只耗費了短短的八個月時間，花費亦只區區三千萬美元。在人造衛星廣泛收集情報前，U2偵察蘇聯核彈的威力（比美國差許多）及威脅（無攻擊企圖），是美國對蘇聯政策最主要的依據。U2亦在古巴飛彈危機事件中扮演極重要的角色。相對地，艾森豪總統在衛職前為了U2事件（被蘇聯擊落）所講的「白色謊言」，則是他生涯中（二次大戰盟軍統帥，一九四五年陸軍參謀長，一九四八年哥倫比亞大學校長，一九五〇年北大西洋公約統帥及二任美國總統）最低

潮。最可諷刺的是ER2（太空總署的U2）在二○○○年一月為了科學的任務，光明正大的飛越俄羅斯上空。

　　我們簡略回顧U2發展的歷史，看看那些主角參與U2的發展及他們所扮演的角色，談談這一九五○年代冷戰中除了蘇聯以外，無人知曉的最大空中偵察祕密，也連帶地略述中華民國對中共的空中偵察活動，包括與美中情局合作的「黑貓中隊」。從這些歷史的回顧中，我們對那些為自由正義，而進行空中偵察活動為國殉職的人，表示我們最大的敬意。

空中偵察

　　空中偵察所具有的戰術及戰略價值，想必是自有飛機以來就能被體會出。第一次世界大戰末期，盟軍已有一百萬張敵方地面的照片以供情報參考。空中偵察在第二次大戰才廣泛地被利用。珍珠港事件的成功，有些是歸於日軍空中偵察的結果。美國在戰爭結束前，在賓州設立「偵察訓練中心」，負責訓練飛行員有關相機的使用。麻省理工學院的伊基頓（Edgerton）發明了夜間照相的「閃光」設備，使盟軍在諾曼第登陸前已略知德軍岸上的部署（伊基頓發明的相機也照下美國核試爆剛開始的一剎那〔10^{-9}秒〕）。盟軍統帥艾森豪將軍更確認空中偵察對軍事情報的重要性，這想必是他往後當總統核准U2計畫，及批准U2飛往蘇聯上空偵察的主要原因。

　　一九四九年，「柏林封鎖」危機結束前，美國「遠東空軍司令部」正式擬定飛往蘇聯進行空中偵測的計畫，五月十日，蒲儀

（Poe）中尉從日本三澤（Misawa）基地駕駛RF-80A偵察機到海參威上空（R字頭為偵察機，多由教練機或戰鬥／轟炸機改裝，如F-80改為RF-80）。一九五一年八月美空軍設立「戰術偵察隊」，在韓戰時，空中偵察的資料（包括RF-84及RB-47到蘇聯上空）幾乎提供了美軍一半以上的軍事情報。但此現有的低空飛行偵察機不可能防止敵方戰鬥機的攔截，如米格15可升高到四萬呎，很容易擊落無武裝的RF-84（三萬九千呎），事實上，在一九五二年時，美國幾架RB-29偵察機已被蘇聯戰鬥機擊落了。

U2發展

　　一九四六年，空軍中校（備役）雷來亨（Leghorn）在波士頓光學實驗室演講時，特別強調航空偵察的重要性，數年後，他寫了有關洲際偵察的報告（他後來創立的公司Itek安裝美國第一個間諜衛星Corona的鏡片及相機）。一九五三年，在懷特（Wright-Patterson）空軍基地的史伯（Seaberg）認為空軍需要有一高空飛行，但不易被敵方攻擊的偵察機，此機若裝置最新的相機可清楚地顯示地面的影像。三月，空總研發部尋求「七萬呎高空飛行機」的計畫書，洛克希德的強生將前設計的CL-282提出（其他公司包括貝爾〔Bell〕，費爾才〔Fairchild〕及馬丁〔Martin〕）。此CL-282是他前設計F-104更改的長翼機。機翼長度及機身寬的高比值可減少阻力，而保持長距離的飛行，其簡單的設計（如只有一個引擎）正是應驗強生的名言——KISS（Keep It Simple, Stupid），但是，時為戰略空軍司令的李梅將軍（柏林危機時的美國英雄）

卻堅決反對CL-282的觀念及設計，隨後空總研發部正式拒絕。

　　一九五二年，由空軍贊助的科學小組（成員來自中情局、教育界、貝爾實驗室等）建議發展新的照相偵察技術。隔年，蘇聯氫彈試爆成功（八月十二日）後，此小組更積極推動空中收集情報的方案，剛成立的「空軍情報組」亦被要求發展高空偵察以監測蘇聯核彈的威力。一九五四年三月，艾森豪總統參與「科學諮詢委員會」討論時，特別強調現有的空中偵察既無效也易遭敵方察覺。七月，總統要求時為麻省理工學院校長克利安（Killian）主持「技術能力考核團」（Technical Capabilities Panel），此考核團任務分為三小組：防禦、攻擊及情報，以研討它們對現有國防能力的技術提高。克利安要求藍德主持情報小組。藍德早期發明「立柏立得」的相機，一手創辦及帶領寶麗來公司的發展，他的幾百項專利，號稱僅次於愛迪生，他那時科技的聲名，一如現在微軟的蓋茲及英特爾的葛洛夫。總之藍德非常欣賞強生CL-282的觀念。同年十月，「技術能力考核團」正式建議採用強生的高空偵察機，同時建議整個計畫由中情局出面負責。

　　十一月廿四日，艾森豪親自批准此計畫（代號Aquatone），但堅持不能用空軍飛行員以免落入敵方手中。隔二日後，中情局長艾倫杜勒斯指定他的助手比塞爾（Bissell）主管U2計畫（此君後來主導古巴豬玀灣的歷史悲劇），比塞爾對飛機一竅不通，他完全授權強生負責。一九五四年十二月，中情局正式與洛克希德簽約（二十架飛機共二千九百萬美元），強生同意在隔年八月交出飛機樣品，並於十一月交貨。一九五五年四月，中情局與洛克希德挑選鄰近「內華達核爆試場」附近的馬伕湖（Groom Lake）為

U2測飛及訓練基地，此基地外號叫「伊旬園」（Paradise）或牧場
（Ranch），迄今仍為美國最神祕的第五十一區（SR-71黑鳥及F-
117A與B-2隱形轟炸機均在此試飛）。

　　強生在加州洛克希德廠「臭鼬區」設計及裝配U2，其鋁合
金製的機身展現超薄的特性，有人戲稱為鋁紙所做，其翼輻展80
呎（後為103呎），飛行速度每小時六百哩，每分鐘上升六千呎，
飛行高度可達七萬呎，可飛行四千三百哩，其萊特的J-57引擎為
F-100及B- 52改裝的。藍德參與相機的改進（兩具二十四吋修改
的K-38相機及另一跟蹤相機），用的是德國的鏡片。殼牌（Shell）
石油公司的杜立德（Doolittle，一九四二年四月東京大轟炸的英
雄）協助發展在高空飛行的特別燃油。此飛機開頭代號本應稱
SR（戰略偵察，如一九六四年的SR-91）或TR（戰術偵察，如一
九七九年的TR-1），但為了保密起見而稱U（Utility，一般性）。
中情局稱U2為「物件」（第一架機即稱Article 341），洛克希德稱
它為「天使」（Angel），空軍稱「龍女」（Dragon Lady），其他外
號為「黑女」（Black Lady）及「髒鳥」（Dirty Bird）。中情局後
來稱百分之七十以上不明物（UFO）的報告都是U2高空飛行時
所引起的。

　　一九五五年七月，艾森豪在日內瓦四強高峰會議時提出「開
放天空」（Open Sky）政策，即允許事先核准在各國的空中偵
察，但卻遭赫魯雪夫堅決反對，他認為美國航測科技的先進會獲
得更多的軍事情報，況且美國從歐亞各基地飛到蘇聯，比蘇聯飛
到美國本土更容易多些。稍後，雷來亨在《美國新聞與世界報導》
（US News and World Report）寫了一篇文章，提及「雖然赫魯雪

夫講『不』，但我們還是有能力做到」。但克利安要求此文章不要刊登，以免引起蘇聯的懷疑。

　　可諷刺的是在提出「開放天空」政策的十幾天後，洛克希德資深試飛員賴威爾（LeVier）在七月底及八月初試飛U2（稍早前，他在愛德華基地試飛XF-104），部分裝配好的U2由C-124運輸機從加州運到內華達州再重新組合，其保密程度，由C-124駕駛員連目的地都不知可看出（快到內華達州時，才告知降落地點）。此U2只有二個輪子，有此傳說，賴威爾先前按照強生意見先將前輪落地，差點失事，他降落後在駕駛座給強生他的「一隻中指」信號（美粗話），強生亦不甘示弱，回同一標誌，並大聲喊叫「you too」（與U2發音一樣）。

　　中情局為了將來出事後可推諉責任，起先尋找外國飛行員，但成效不佳，最後總算與戰略空軍司令部的六位飛官（辦退役）簽約。一九五六年二月，中情局才告知國會領袖有關發展U2的緣由及進展，並用「航空諮詢委員會（NACA）」以偵察氣象為掩護（U2機尾翼即NACA標誌），中情局長一再強調，若有任何意外，飛行員不可能生存（有自殺的藥物），飛機亦會自動粉碎。

U2操作

　　一九五六年四月底，U2 A小隊在英國美空軍基地正式成立，但首相艾登（Eden）不願意找麻煩，在六月時，此單位偷偷移到德國威斯巴登（Wiesbaden）基地。六月廿日，U2第一次飛

往波蘭、東德共產國家監測，艾森豪極想知道其飛行是否被追蹤。此時中情局已招募第二批飛行員，成員包括以後最出名的包爾（Powers）。七月四日，威士（Vito）第一次飛往蘇聯列寧格勒海軍基地，隨後史導克曼（Stockman，後為北越戰俘）亦飛到明斯克（Minsk）及莫斯科附近。當中情局長聽到U2已飛行到莫斯科及列寧格勒時，直呼「我的老天爺」，比塞爾則稱「第一次飛行反而是最安全的」。總之這些飛行（包括七月九日的二次）雖遭到蘇聯探出，但其米格機只能飛到五萬呎的高度，對U2卻望塵莫及。七月十日蘇聯正式向國務院提出抗議，且顯示U2部分的飛行路線（蘇聯有苦說不出，無法公開抗議此侵略它領土的事實），但國務院在十九日完全否認「任何軍方飛機到蘇聯上空」，隨後波蘭及捷克亦相繼抗議。艾森豪總統此時確認U2飛行是非常危險，他說「蘇聯的抗議是一回事，但百姓的信心喪失（指百姓發現我們違反國際法）則是大事」。往後艾森豪只核准在蘇伊士運河危機時，U2飛往地中海及中東國家的戰術監測。

　　只根據這幾次U2偵察照片的分析，中情局重新估計蘇聯長程轟炸機的能力，並不如想像中的強大（此消息完全保密，連國會領袖都未被告知）。一九五六年《時代週刊》及《美國新聞與世界報導》都大幅版面報導蘇聯火箭及其空軍的能力。一九五六年十月蘇聯入侵布達佩斯，讓美國認清蘇聯的野心。一九五七年七月，蘇聯洲際轟炸機的飛航能力更讓美軍方憂慮。八月，塔斯社報導洲際飛彈的成功測試，其火箭的威力可將核彈直接發射到美國本土。同年十月四日，蘇聯第一個人造衛星（史潑尼號）發射成功，更震撼了美國，輿論界已認為美蘇有所謂的飛彈差距

（gap）及轟炸機的差距，這些一連串的事件讓艾森豪總統重新考慮U2到蘇聯的飛行。

一九五六年十一月，包爾第一次從U2 B小隊（土耳其的英基立克〔Incirlik〕基地）飛往蘇聯南方，看看蘇聯入侵布達佩斯後是否有新的軍事部署（但因電路系統故障，U2半途返回）。年底美空軍RB-57D在海參威監測，引起蘇聯強烈的抗議，導致艾森豪下令「停止到鐵幕國家的任何飛行監測」。一九五七年，美戰略空軍總部在德州那芬林（Laughlin）基地成立獨立作業的U2飛行，包括監測大氣輻射性物質。但軍中飛行員訓練失事的事件，較中情局的操作高出許多。

一九五七年三月，中情局在日本厚本（Atsugi）基地設立U2 C小隊，此時U2機身周圍已改裝，以便吸收雷達訊息而不易被察覺。同時蘇聯東部的雷達設備亦很老舊，是故總統才核准U2飛往蘇聯東部。六月時，飛行員先從日本基地飛到阿拉斯加再往蘇聯，可惜二次的偵察因氣候不良及相機故障而失敗，迄到九月，才飛往勘察加半島（Kamchatka Peninsula）附近及西伯利亞的中部。同年夏天，飛行員也從巴基斯坦的白沙瓦（Peshawar）基地到蘇聯、中國及外蒙區偵察，找出蘇聯中部核爆區，鈾濃縮區及飛彈基地。此七次蘇聯的飛行均非常成功（照片分析費時）。十月，一架U2機改裝電子監聽器，以截獲蘇聯海軍的祕密通訊。此月，中情局撤銷U2在德國A小隊的任務。C小隊在蘇聯東部的飛行屢遭蘇聯抗議，艾森豪深怕蘇聯以為這些偵察是美國攻擊的先兆，而被迫採取軍事報復，是故總統在一九五八年三月停止U2到蘇聯飛行達十六個月之久（直到一九五九年七月）。但在八

二三戰役前後，U2飛往中國大陸四次，監測是否中共有犯台的企圖，同年國安局操作的C-130A監聽機在蘇聯亞美利亞（Armenia）區被米格機擊落，監聽機上十七位人員殉職。

一九五九年七月，B小隊偵察出蘇聯飛彈的發射基地。九月，赫魯雪夫到華府訪問，艾森豪停止U2飛行。但為了證實蘇聯洲際飛彈操作的能力，艾森豪在一九六○年四月再度恢復U2偵察，這一次從巴基斯坦飛往蘇聯的偵察，回航時因U2機械有問題，被迫降落在伊朗。一九六○年五月一日勞動節，包爾從白沙瓦基地飛往蘇斯維杜思克（Sverdlovsk，軍事毒物研究單位，在一九七九年發生炭疽桿菌意外，導致近八十人死亡）時，在六萬八千呎高空被薩姆（SM-2）飛彈擊落（一九九六年路透社報導蘇聯蘇九〔Su-9〕飛行員稱是他飛機氣流而引起U2的失事），導致了稍後巴黎高峰會議的流產（艾森豪拒絕道歉），艾森豪取消了到莫斯科的訪問，造成艾森豪總統最尷尬的局面。當初美國政府認定人機全毀，是故堅持是氣象偵察機迷航到蘇聯。但赫魯雪夫用釣魚方式，讓美國謊言愈陷愈深，五月五日，赫氏先說飛機被擊落，再說機殘骸已找到，到七日，才宣稱飛行員還活得好好的。直到十一日，總統才正式對U2任務完全承擔負責，並沒有批准中情局長辭職的要求。此U2事件亦造成赫魯雪夫往後下台的起因。包爾在八月承認從事間諜活動而被蘇聯判刑十年，迄到一九六二年二月，美國才以被捕的蘇聯間諜與包爾交換。老天做弄人，包爾從七萬呎高空大難不死，居然他在一九七七年洛杉磯幾千呎的直升機出事而去世。另一諷刺的是，包爾被射擊之日，美國第一個間諜衛星所提供的軍事情報資料，已顯示比所有

U2的監測還多。

此後，美國取消對蘇聯的U2偵測，U2的效果至少讓艾森豪知道美蘇並沒有所謂的飛彈差距。但因保密問題，大眾及國會都不知蘇聯核武的能力遠落後美國，艾森豪因知底牌，是故抗拒國會及大眾要求武力競爭。七月由於日本的要求，C小隊正式撤離。往後中情局U2任務只針對古巴及中國方面偵察，在豬玀灣事件前後，U2 G小隊從那芬林基地飛行古巴共執行十五次任務。

U2除了包爾出事外，其他偵察殉職最出名的是在古巴飛彈危機時期，被蘇聯在古巴飛彈擊落的安德森（Anderson，一九六二年十月廿七日），在稍早前，美戰略空軍第一次的U2任務中（十月十四日）已確認古巴飛彈基地，此照片在十月廿五日美駐聯合國大使史蒂文生在安理會展出，而引起瀕於核戰的危機。事實上，中情局在九月一再要求總統增加U2飛往古巴偵察次數（八月廿九日U2已約略顯示飛彈基地的存在），但因九月九日陳懷生的U2失事，甘迺迪遲至十月十四日才批准由戰略空軍（不是中情局）飛行員飛往古巴偵察。

中情局正式在一九七四年終結U2操作任務，雖然人造衛星在一九六〇年已開始操作，但美空軍操作的U2，從以阿戰爭、美伊海灣之戰、波士亞戰及最近的阿富汗戰爭，對某些目標的偵察任務都頗具成效。美國在一九六七年及一九八〇年代二度再啟動U2的生產線，最近的科技幾乎可即時傳送U2地面影像，就是性能較佳的SR-71（黑鳥，八萬呎，三馬赫，一小時可照出十萬平方哩）也在一九九〇年退役，可見U2的重要性。

中國監測

除了韓戰時美國飛越鴨綠江航測中國之外，一九五一年一月飛行員鮑利（Powles）從香港飛到海南島附近監測，到隔年九月，美國飛往中國偵測已一百多次。中華民國政府撤退到台灣後，也使用不同偵察機飛往大陸以了解彼岸軍事部署，特別是在大陳、一江山撤退前，根據李元平先生所著《俞大維傳》的記載，俞大維就任部長後（一九五四年十月二日），親自乘坐剛葆璞駕駛的RT-33教練機到廈門、漳州、泉州偵察。隔年俞部長亦由剛少校、戚榮春及陳懷生駕駛到沿海偵察。空軍李南屏亦是飛往大陸RF-84的老手。為國殉職的RF-84包括金懋昶在福建區（一九五八年六月十七日）被擊落及稍早前（一九五七年四月十七日）在韓國濟州島的事件（駕駛員不明）。這些飛機因性能問題無法深入大陸內部作業。

一九五六年六名空軍飛行員開始接受先進的RB-57A飛行訓練，此機可飛到五萬二千尺，沖洗後的照片供中美分別分析。一九五七年十二月六日，由盧錫良（桃園第五聯隊、六大隊、第四偵察中隊長）駕駛RB-57A首度飛往大陸，回航時，據說陳嘉尚總司令親自到機場迎接。後二次飛行均順利，但不幸地是隔年二月十八日（春節），由趙廣華上尉飛行的RB-57A在進入青島上空前，被殲五機攻擊，人機墜入千里島附近海中。

一九五八年國府飛行員分二批在德州那芬林基地進行RB-57D訓練（美國在一九五六年才正式操作，機翼展一百零六呎，

飛行高度最高可達六萬四千呎，性能較前RB-57A更佳）。一九五九年一月由盧錫良第一次飛往中國，米格17及19均無法攔截，從一月到十月，共二十六次在湘、鄂、川、陝、甚而京津區偵察。不幸在十月七日，由王英欽（已飛行六次）駕駛的RB-57D，在北京區被蘇聯協助中共的飛彈擊落。此後，國府終結RB-57系列的偵察。但隨後政府用RF-101偵察機（麥克唐納造，五萬八千呎，時速一千二百哩），於一九六〇年一月八日正式開始監測中國（在一九五九年七月，俞部長告知莊萊德大使，我方沿海監測時由戰機掩護，但遭美方堅決反對），先後九次對沿海機場進行偵察，有時與U2同時出航，以困擾對方追蹤目標。但吳寶智（一九六一年八月二日）及張育保（一九六五年三月十八日）先後在福建區被擊落，二飛行員跳傘被俘，此後，政府停止對彼岸RF-101的空中偵察。

中華民國與中情局合作的U2偵察大陸，想必是讀者最熟悉的事，如前所述，民國四十七年八二三金門砲戰前後，U2 C小隊已前往大陸四次偵察（六月十八日，八月廿日，九月九日及十月廿二日）了解中共軍事企圖。包爾出事後，美方停止往蘇聯及中國的U2飛行。由克萊恩（Cline，1958-1962年中情局台北站長）與經國先生主導的「黑貓中隊」（我方第三十五小隊，中情局U2 H小隊），最主要的目的是探測中國軍事動態及中國西北區核武發展的能力（中國在一九六四年十月核爆成功）。俞大維部長及副參謀總長余伯泉不太贊成U2，他們深怕國府接受了U2會影響其他的軍援。

國府飛行員於一九五九年後開始在美接受U2訓練，至少二

位飛行員在美訓練時失事身亡。一九六〇年美提出國軍五年
（1962-1967）整軍及軍援計畫時，居然還包括二架U2，時為參謀
總長彭孟緝要求此U2案分開討論。一九六二年一月十三日，陳
懷生第一次飛往大陸偵察，回程時，經國先生親往機場迎接，隔
月的楊世駒飛行亦順利成功，以後幾乎每月出勤幾次。中共已知
U2的飛行，但卻無法還擊。七月，新華社廣播，若國府U2人機
飛到大陸，飛行員可獲得二十八萬美金。

　　同年九月九日，陳懷生在南昌被薩姆飛彈擊落。殉職後，蔣
總統特別改陳懷為陳懷生（現今懷生國中），經國先生亦深痛不
止。其他亦有七員優秀飛行員在起飛，降落或在台訓練時失事。
飛往中國大陸執行任務殉職的飛行員包括李南屏（一九六四年七
月七日從菲律賓基地起飛，在漳州被擊落）及黃榮北（一九六七
年九月八日在嘉興被擊落）。另葉常棣（一九六三年十一月一
日，從甘肅回航時在江西被擊落）及張立義（一九六五年一月十
日從韓國起飛，在蒙古區被擊落）所駕駛的U2被擊落後，遭中
共俘虜。一九八二年十一月被中共與其他所謂的戰犯釋放香港，
國府因防中共統戰而拒絕這二位回台，他們在港滯留幾個月後由
中情局安排到美。根據《忠與過：汪希苓的起落》（汪士淳著），
國防部後來付出十五萬美元（中情局拿出四十五萬）作為他們在
美國的生活費用。

　　台灣對中國內陸執行的U2偵察任務在一九六八年正式結
束，一九六九年到一九七〇年初大概只在沿海區偵察（多由沈宗
李駕駛）。一九七四年中情局正式結束與國府合作的U2任務。經
國先生在六月十一日告知安克志大使，希望美提供戰術及戰略的

衛星資料。關於中華民國U2的任務，一個網路資料可供參考
（www.geocities.com/Pentagon/2815/u2.html）。總之U2對中共核武
能力的估計提供極大貢獻，如一九六三年就測出中共在包頭核能
基地及蘭州的鈾濃縮廠。

　　在U2飛行末期，國府亦採用RF-104G（高度超過五萬三千
呎，二馬赫）偵察大陸，一九六七年一月十三日，葉定國飛往福
建偵照，順利返航。同日宋俊華亦飛行廈門偵察中共潛艇的活
動，但遭中共殲六攔機，國府派出四架F-104G掩護接應，不幸
三號機楊敬宗少校殉職。此後我空軍到大陸偵察受美國限制而減
少。一九七二年尼克森訪問中國，一九七八年卡特宣布中美建交
後，我空軍進入大陸空中偵察的任務已逐漸結束了。但一九八〇
年代後，RF-104G改裝的傾斜式相機，可在外海區即可偵照彼岸
沿海軍事部署。最近國軍主要偵察機是F-5E改裝的RF-5E，但受
航程、性能、政治等因素，成效甚不理想。現軍方用以色列的衛
星EROS-1偵照，對中共情報收集大幅提高。總之從一九五八年
到一九六八年十年間，我方獲取中國的軍事情報是否值得這麼多
優秀人員的犧牲，這答案只好待未來的歷史家來評斷了。

7

古巴飛彈危機中瀕於核戰的
最長一週

　　一九六二年十月廿二日，美國東部時間下午七點，甘迺迪總統以鎮靜堅強的語調對全國人民做電視廣播，強調：「設於古巴的蘇聯飛彈對西半球有核武器攻擊的能力，是完全不能接受的……」，接著總統提出他應對的策略「所有駛往古巴的蘇聯船隻都要在公海上接受檢查（quarantine）是否載有核武器；任何從古巴發射到美國的飛彈均視為蘇聯直接攻擊美國，美國將徹底報復」。接著總統要求聯合國安全理事會譴責古巴的飛彈是對世界和平的一大威脅，以及要求赫魯雪夫以和平為重，放棄武器競爭。

　　此即為古巴飛彈危機事件的正式起點。在所有美蘇冷戰的接觸中；包括一九四八年柏林封鎖，一九五〇年韓戰，一九五六年蘇彝士運河危機，一九六一年柏林危機，一九六七年中東六日戰事以及越戰等，沒有一事件像古巴事件可能觸發的核毀滅（holocaust）危險。

　　在危機高潮中，美軍登陸攻擊古巴的準備，僅次於聯軍一九四四年諾曼第登陸的軍事行動。五角大廈估計會有近四萬官兵傷亡。當時戰略空軍司令部（Strategic Air Command）所管轄的一千四百架B-52、B-47以及一百七十枚洲際飛彈都已待裝備戰，八分之一帶核武器的轟炸機輪流在空中執行任務，預備隨時投擲在古巴及蘇聯的目標。空軍戰術（Tactical）部隊擬定每日飛行古巴一千二百架次的任務。十萬陸軍包括81及101空降師已部署在佛羅里達州及東海岸。海軍的船艦包括六艘航空母艦及一百八十艘其他艦艇，加上四萬陸戰隊員已在加勒比海巡邏待命。那段危機時刻，引用歷史學者普立茲獎得主史萊辛格事後所言：「當時

整個世界都在恐懼、猶疑、憂慮及疑惑的感覺下。」

歷史告訴我們，此危機終於獲得解決。十月廿八日甘迺迪收到赫魯雪夫的訊息：「所有在古巴的飛彈基地將被撤除。所有駛往古巴的蘇聯船隻將折返蘇聯。」要不是甘迺迪總統處理危機時的慎重（海軍封鎖而不是空軍轟炸）以及日後幕後讓步（撤銷美在土耳其的飛彈），要不是赫魯雪夫容忍而做最後的讓步，如果雙方走錯一步，人類的歷史就要重寫了。

古巴飛彈事件是導致赫魯雪夫一九六四年下台的主要原因，更增加了美蘇在六〇及七〇年核武器的競爭。蘇聯雖然在八〇年初核武器已與美不相上下（古巴飛彈事件時，美蘇核彈頭約五千比三百）。但由於核武器競爭耗費過鉅，而導致蘇聯整個經濟崩潰及最終政權的瓦解。

冷戰結束了，許多蘇聯的資料也公開了，部分美蘇參與事件的人曾在不同的討論會中（如一九八七年在麻州劍橋）提到不曾公開的祕辛。我們看看引導古巴飛彈事件的遠因及危機前的事件，再描述危機時刻的人事景物，希望能從這段緊張的歷史時刻學到些教訓。

甘迺迪的挫折

一九六一年對剛上任、年輕又無執政經驗的甘迺迪總統來講是個多事之秋。稍早總統大選時，他只贏了尼克森區區十萬張選票，是故許多言行都要顧慮到共和黨右翼分子。除了內政民權問題外，一連串外交事件似乎把冷戰帶到了高潮。四月蘇聯發射第

一枚載人太空火箭，蘇聯太空科技又領先了美國一步。六月在維也納高峰會議中，甘迺迪收到赫魯雪夫關於柏林的最後通牒。八月柏林圍牆的興建，十月柏林危機，以及寮國、越南及剛果的問題，都讓美蘇兩國尖銳對立，當然最重要的還是四月間發生的豬玀灣事件。

豬玀灣事件，這原在艾森豪總統時由中央情報局策畫，到甘迺迪總統時執行的悲劇。不但讓甘迺迪嘗到了失敗的滋味，也加深了古巴及蘇聯對美國的懷疑，以為總有一天美國會武力攻擊古巴。

一九六一年四月，大約一千四百位被中情局招募及訓練的古巴放逐分子，在古巴豬玀灣登陸。當時計畫是由美國空軍掩護，加上內部起義響應，直接攻擊哈瓦那，推翻卡斯楚政權。不幸地，甘迺迪臨時取消第二次的空軍轟炸，是故上岸的古巴放逐分子被卡斯楚軍隊完全擊潰。二天的激戰，一百一十四人死亡，一千二百人被俘。事後總統在記者會中提到：「成功的人有幾百個父親，失敗的人只是個孤兒。」並完全承擔一切責任（一九九八年二月，中情局公布的檔案承認豬玀灣事件完全是中情局的無知、無能、自大造成判斷及戰略的錯誤）。有趣的是，事後民意調查，總統的民意支持度反而上升。

豬玀灣事件後來一直苦惱著白宮，不知如何解決離邁阿密只有八分鐘飛行時間的共產政權。明顯地美蘇兩國會為了這只有六百萬人口、但在美國後院的古巴而引起糾紛。

事件後，羅伯甘迺迪（總統弟弟，時任司法部長，一九六八年在洛杉磯民主黨總統初選勝利會後在旅館內被刺殺）募得五千

萬元以換取一千一百七十九位戰俘。年底中情局長杜勒斯（Dulles）退休，由前原子能委員會主席麥孔（McCone）接任。此時中情局正祕密進行一連串反卡斯楚的活動，包括暗殺卡斯楚本人。

一九六一年六月，美蘇在維也納舉行高峰會議。赫魯雪夫似是不把美國這位年輕的總統放在眼裡，他「美英法須在六個月內與東德簽約，並確定其控制到西柏林交通的權利」的最後通牒，讓甘迺迪忍無可忍。其與助理的談話可顯示他對赫魯雪夫的個人看法，及其堅守柏林的意志：「我從來沒有見過這種惡魔。」「他真是狗娘養的畜生。」「不可能會讓日後人們談到『是誰丟掉柏林』。」（一九五〇年代大眾辯論「誰丟掉中國」，與尼克森辯論談及金馬防禦等記憶尚新）。據《紐約時報》名記者芮斯頓事後稱，「年底一萬八千美國顧問及軍人到越南，至少是下意識做給赫魯雪夫看的」。

八月的柏林圍牆興建及十月柏林危機（高潮時蘇聯已有四十六輛坦克車在東柏林備戰），已使美蘇兩國為了柏林從二次大戰後到一九六一年的談判似是一次比一次激烈。

危機前的風雨

根據最新資料，赫魯雪夫早在一九六二年五月訪問保加利亞時，就決定在古巴設置核飛彈。除了最簡單的「權力平衡」原則外，前此美亦恢復大氣核爆，加上柏林談判沒有任何進展，中蘇共關係惡化，美在東南亞活動，及美可能登陸攻擊古巴等也都促

成赫魯雪夫的決定。他在黨中央常務委員會稱「美帝國主義在我們鄰近國家設立飛彈，並不時威脅用核武。現在讓他們嚐嚐在他們後院有敵人飛彈的滋味」。當時只有米高揚（Mikoyan）提出不同意見，最後討論時，常委無異議通過。

　　為了說服卡斯楚，蘇聯特於五月底派一代表團到古巴。六月底卡斯楚的弟弟（國防部長）到莫斯科，就「古蘇防禦條約」進行談判。於是在古巴的認同下，蘇聯在古巴設置中程飛彈落實了。其政策包括二步驟，第一階段先設立地對空防空飛彈（SAM）及加駐米格21型飛機，以保護將設的核飛彈基地。第二階段則是建立飛彈基地，包括中短程核飛彈及軍援伊留申28型（Hyushin-28）轟炸機。

　　八月中，據中情局保守估計，蘇聯在古巴的專家已有五千多人。八月廿二日，美國中情局長麥孔與總統討論蘇聯可能在古巴設有攻擊性武器。八月廿九日，U2偵察機偵測出地對空飛彈基地的興建。此時紐約州自由派共和黨參議員季丁（Keating）從古巴難民中聽到飛彈消息，八月底他要求政府針對飛彈事件採取行動，當時政界人士還認為他是為十一月國會選舉作秀。這一連串事件雖讓白宮煩惱，但誰也難以接受赫魯雪夫抓狂的事實。是故中情局的麥孔仍按原計畫八月底到巴黎度蜜月。

　　九月四日，總統接見國會領袖討論古巴飛彈事件，並照會蘇聯政府，表達美國極度的關切。九月六日才上任不到半年的蘇聯駐美大使杜步寧（Dobrynin，做了二十四年大使，歷經冷戰期的美國六位總統）告知總統助理蘇倫生由赫魯雪夫傳來的訊息，「在古巴的武器都是防禦性的」。十一日蘇聯正式通告世界，其在

古巴的軍事設備完全是防禦帝國主義侵略用的，並稱「我們強大的核武器，不需放在任何國家，在國內即可射擊到帝國主義的任何地區」。

九月十三日，甘迺迪在記者會稱：「最近運到古巴的武器，對美國沒有嚴重的威脅，但假如有攻擊性武器的話，我們會有適當的反應。」十月五日，羅伯甘迺迪約見蘇聯大使館新聞專員包曉夫（Bolshakev）。最近出版的《天大的賭注》（*One Hell of Gamble*）提到此人曾為羅伯甘迺迪與赫魯雪夫的祕使。包氏一九五一年在塔斯社（Tass）駐美分社任編輯，一九五五年回國任職國防部，一九五九年再度調美。他與羅伯甘迺迪從總統選舉後到一九六二年曾密會五十餘次。但美官方紀錄及羅伯甘迺迪逝世前寫的古巴飛彈事件完全沒有提到此祕密管道。總而言之，十月這次見面，包氏說「在古巴的武器完全是防禦性的」。事後證明，包氏也是完全被蒙在鼓中。

中情局長麥孔一再要求增加U2到古巴的偵察，但因九月九日中共擊落了國府陳懷生的U2，是故甘迺迪一直拖到十月九日才授權U2飛行古巴。

飛彈的證實

事實上大部分飛彈已於十月六日以前運到古巴，包括四十五枚短中程核飛彈及其他裝置在轟炸機的小型核彈。真正的轉捩點是因天氣不良而到十月十四日U2在古巴偵察到結果，照片明顯地可看出飛彈發射基地及飛彈本身。十五日晚中情局的克萊恩

（Cline）告知麥孔，再通知國家安全顧問彭岱（Bundy），次日彭岱才稟告甘迺迪，總統即說：「如果真是攻擊性核武器的話，這些飛彈一定要去除。」同時總統打電話給羅伯叫他速來白宮。

彭岱當日（十六日）早上召集有關人士開始一連串的討論，此即所謂執行委員會（Executive Committee，後稱執委）。成員均為普立茲獎得主哈柏斯坦（Halbastam）所稱的一時菁英（The Best and the Brightest）。委員除了羅伯甘迺迪外，還包括國務卿魯斯克，來自福特公司的國防部長麥納馬拉，以及來自哈佛的彭岱。彭岱建立國安會的架構及組織，使其權力日益膨脹，到了七〇年季辛吉時，國安會聲望及權力甚而超過國務院。

當晨討論時，大家都建議總統需要採取行動，中午總統特別告訴羅伯甘迺迪，為了讓大家盡量發言，他不準備每次參加會議。下午及晚上討論中，許多方案都考慮到了，從無行動，到空軍轟炸飛彈基地，在西柏林設置核飛彈，進攻古巴，及海軍封鎖嚇阻蘇聯運飛彈駛往古巴的船隊。討論到轟炸時，羅伯甘迺迪還寫下，「我現在才體會到東條英機準備轟炸珍珠港時的感覺」。

值得一提的是，所有在白宮的討論都被祕密錄音，當時知道此錄音設備的只有甘迺迪兄弟兩人。

隔日，總統為了不讓人察覺白宮有急事，仍按既定的行程活動，包括中午到康乃狄克州助選。執委會討論時，麥納馬拉極力贊成海軍封鎖，但許多人認為此方案不夠實際，無法解決當前的飛彈問題。同時也擔心蘇聯是否會在西柏林採取陸上封鎖的報復，最主要的是如何、何時及何處封鎖，剛從加州回來的麥孔也表示不能偷襲古巴：「我們不能一輩子生存在珍珠港陰影下。」

但政界大老艾奇遜（Acheson，一九四九年杜魯門總統的國務卿）等人贊成轟炸，他還與羅伯甘迺迪辯論道德的問題，羅伯說：「我不要讓總統成為第二個東條英機。」同時強調：「對一小國偷偷轟炸，是否與我們理想及傳統背道而馳。」參謀首長聯席會主席泰勒將軍則認為除了轟炸基地外，還要出兵進攻古巴，此即所謂重鷹派（double hawk）。

十月十八日開會時，空軍參謀長李梅完全支持空軍轟炸。事後總統對幕僚蘇倫生講：「假如真按照他的方案去執行，我們誰也不活著告訴他，他錯了。」總統下午五時還在白宮接見來聯大開會的蘇聯外交部長葛羅米柯。這次接見非常尷尬，總統知道古巴有攻擊性飛彈，葛氏亦知，但後者則不知前者已知也。總統沒有掀底牌，讓葛羅米柯謊話連篇，連稱古巴只有防禦性武器而已。總統的態度讓莫斯科認為美不會對古巴採取任何軍事行動。

十九日總統按原計畫到克利夫蘭、芝加哥等中西部城市為國會選舉助選。執委會各委員想法及意見隨時有變。委員會決分二組各寫各組的理由及應採取的行動，再綜合討論。贊成空軍轟炸的委員有德李頓（財政部長）、彭岱、麥孔、艾奇遜，及羅伯甘迺迪。贊成海軍封鎖的委員則有魯斯克、麥納馬拉及湯姆森（前駐蘇聯大使，時為總統蘇聯事務助理）。

十月廿日上午，總統在芝加哥接到羅伯甘迺迪電話後，佯稱感冒，取消中西部行程，返回華盛頓。很巧的是，除了一位靈敏的記者之外，其他人都沒注意這段時間在夏威夷的詹森副總統也同時感冒返回首府。下午執委會從二點半討論到五點，中情局克萊恩五頁的報告中提到古巴已有八個多核飛彈可隨時發射。會中

駐聯合國大使史蒂文生（Stevenson）建議美方斟酌讓步，即撤出在土耳其及義大利的土星飛彈，甚而提到撤出在古巴同島上的關他那摩（Guantanamo Bay）美國海軍基地。但這位民主黨自由派領袖（一九五二年及一九五六年民主黨總統候選人）的意見，被其他委員否決。總統亦認為此時不宜提出讓步條件。事後總統告訴幕僚，他非常佩服史蒂文生的勇氣。第二天史蒂文生與總統助理歐唐納（O'Donnell）提及「許多委員想必認為我是懦夫，但在討論核戰時，一定要有個懦夫」。開會結束前，假投票顯示十一位委員贊成海軍封鎖，六位委員贊成空軍轟炸。

早上離開芝加哥時，總統打電話給第一夫人，叫她與小孩回華府。此時準備疏散到近郊臨時政府所在地（最近才開放，在西維吉尼亞州的山洞內）辦公的工作都已安排好了，大約有十五人包括魯斯克及麥納馬拉與總統同組。若有急事，即可離開華府。

晚上總統親自打電話給《紐約時報》及《華盛頓郵報》總編輯，請他們不要登載任何有關美國討論飛彈的事情，以防蘇聯先採取行動。

廿一日史蒂文生與史萊辛格等人談論在聯大演講的內容，考慮去除古巴飛彈是否要聯合國監督，以及是否美國保證不進攻古巴。羅伯甘迺迪說：「讓步應在談判之後，不是在談判之前。」下午總統過目明天演講的內容，國務院給全世界大使的密件及總統給友邦元首的信件。

這個時候，蘇聯在古巴的軍事指揮官伯威里（Pliyev）將軍已被授權若美軍登陸古巴可用核武器反擊，但發射飛彈到美國本土，則須經莫斯科同意。事到如今，蘇聯領導者此時最壞的憂

慮，不亞於一九四一年希特勒進攻蘇聯的心情。

漫長的一週

　　十月廿二日（週一）早上，總統過目聯大史蒂文生的演講，刪除一些挑戰性字眼，如「假設蘇聯在古巴繼續建造飛彈基地，會導致美國的轟炸」。隨後又打電話給胡佛、杜魯門及艾森豪前總統，告知他的決定。下午五點接見國會領袖（八位參議員，七位眾議員），當魯斯克及麥納馬拉簡報後，喬治亞州參議員羅素（Russell，參院軍事委員會主席）反對海軍封鎖政策，極力贊成空軍轟炸。阿肯色州參議員傅爾布萊特（Fulbright，參院外交委員會主席）也附和。總統最後離開時說：「假如真要轟炸這些飛彈基地，那會是個天大的賭注。」這句話正是近年才出版有關飛彈危機的書名。

　　晚上七時（莫斯科時間凌晨二時）總統對全國人民演講，但聽眾卻是包括赫魯雪夫在內的全世界人民。他說：「這些飛彈的目的不為別的，只為能攻擊西半球……事實證明蘇聯的欺騙……。」

　　稍早前，國務卿魯斯克召見蘇聯大使告知演講內容，據事後報導，大使出來時全身發抖。當赫魯雪夫看到甘迺迪演講內容時，他還按原計畫下令裝核飛彈的船隻繼續駛往古巴，加緊興建仍未完工的飛彈基地，要求蘇聯及華沙公約軍隊備戰，亦向卡斯楚保證「我們堅決與你站在一起」。當晚他和衣睡在克里姆林宮內。

　　此時華府的蘇聯大使館已將重要文件燒毀，同時檢查使館內氧氣是否足夠，備用的發電機是否可操作。大使館四周已有更多的警察巡邏。這時紐約《每日新聞》記者何里門（Holeman）打電話給包曉夫提及若美國撤出土耳其飛彈，蘇聯自當撤出古巴飛彈。包曉夫也從另一新聞記者鮑特里（Bartett，甘迺迪總統的好友）獲知同樣訊息。但大使館軍事情報局（GRU）卻沒有把此消息馬上傳到莫斯科。

　　次日，史蒂文生在聯大正式提到美洲國家組織（OSA）的所有國家（年前OSA已排除古巴）都支持封鎖檢查。此時古巴已有四十二個飛彈發射台，在大西洋中，至少有二十五艘蘇聯船隻駛往古巴，危機似有一觸即發之勢。世界輿論也都傾向美國。總統正式決定海軍封鎖於次日早上十時生效，包括八百浬（後減為五百浬）的範圍。

　　當天羅伯甘迺迪特別要求鮑特里與包曉夫見面。早上在國家新聞俱樂部相聚時，鮑告知包曉夫，總統沒有進攻古巴的意思。下午鮑特里在他辦公室特別拿U2照片給包看。事態嚴重，此時大使館才將昨日土耳其與古巴飛彈互換的訊息傳給莫斯科。

　　此時古巴的三十五萬軍人已加強備戰，蘇聯至少也有四萬官兵駐在古巴。一艘運裝核飛彈的船隻已安抵古巴碼頭。

　　當晚羅伯甘迺迪親自拜訪蘇聯大使告知事態嚴重。大使直問：「你真能證明是攻擊性武器嗎？」「為何不與葛羅米柯提及？」據大使在一九九五年出版回憶錄提及他亦不知真相，並稱此次見面是羅伯甘迺迪表現最緊張的一次。

　　赫魯雪夫直到深夜，才有強烈的反應。警告任何干預蘇聯在

公海航行的船隻，都會得到應得的報復。這一晚很多人無論感覺上或實質上都失眠了。

廿四日（週三），蘇聯船隻已有慢航或停航的跡象。麥納馬拉告知總統，蘇聯有二艘船正由一艘潛水艇護航，約十時三十分到十一時會抵達檢查區。在這段等待時間內，總統及幕僚談到整個人類的未來就取決於海上這幾艘船的命運。船隊一旦開火，是否會引起核戰就無人可知了。大家的結論是「我們都盡了力」。

十時十五分傳來了好消息，蘇聯要經過檢查區的船隻已回航了。大家至少鬆了口氣，連平常最嚴肅的魯斯克也說：「我們眼互瞪，但對方眨眼（退卻）了。」

聯合國代理祕書長宇譚（U Thant）提出蘇聯停止其武器運往古巴及美國停止封鎖辦法。雖赫魯雪夫贊成，但美方完全反對。當晚政界大老哈里曼（Harriman，羅斯福總統任內的駐蘇大使）告訴史萊辛格，做任何事要給赫魯雪夫面子下台，並提出最近許多跡象顯示赫魯雪夫似是要和平解決此危機。次日總統再與哈里曼長談，但回覆宇譚時仍強調：「危機是從飛彈引起，去除它們是唯一解決的方法。」

當晚羅伯甘迺迪由包曉夫傳來米高揚的訊息，古巴無攻擊性武器。深夜國家新聞俱樂部調酒員柏克夫（Prokov）聽到《紐約前鋒論壇報》記者羅傑斯（Rogers）要到南部採訪登陸古巴的消息，即轉告在那裡喝酒的塔斯社記者。次日凌晨，大使館還派了一位與羅傑斯相熟的官員，在俱樂部附近停車場假裝不期而遇的碰見羅傑斯，再問詳情。十月廿五日中午另一塔斯社記者專訪羅傑斯。這些資料均傳回到克里姆林宮。據最新資料顯示，赫魯雪

夫由這些非正式消息才知事態嚴重。

　　週四（廿五日）執委會開會時總統特別指示不要干擾回航的蘇聯船隻。同時做了一項明智決定，即不上船檢查此時正通過檢查區的一艘油輪。莫斯科電台轉播時提到，「蘇不會在西柏林採取封鎖行動」。似乎讓白宮喘了口氣。

　　晚上在安理會，史蒂文生表現出他步步進逼的辯才：「對方（指蘇聯大使蘇林〔Zorin〕）的天才只是迷亂、扭曲、混淆、避重就輕……」「大使先生，你是否不承認有核武器在古巴？是？還是不是？」「不要等翻譯，回答，是還否？」蘇聯大使只答，「我又不是在你們法院中接受檢察官的訊問。」「我可等你的答覆，我可以等到天荒地老時（Hell Freezes，直譯地獄凍結）。」隨後史蒂文生拿出U2照片。此時世人才知事實真相。這天荒地老的演講，大家都認為是大使在聯大最好的表現。而事後才知蘇林大使當時卻並不知實情。

　　週五（廿六日）早上執委會討論時，中情局的麥孔估計古巴現已有二十四枚飛彈可隨時發射了。

　　中午美國廣播公司（ABC）國務院記者史考利（Scali）接到蘇聯大使館領事費克斯夫（Feklisov，假名為Formin，實為KGB頭子）的電話。二人在餐館見面時，費提到總統是否可保證不進攻古巴，以換取蘇聯撤出古巴的飛彈及不再置放攻擊性武器（後來費克斯夫說此條件是史考利先提出的）。此一訊息傳到魯斯克，他親自帶史考利見總統。甘迺迪原則上同意，但要求赫魯雪夫在二十四小時內回覆，並特別告知史考利不要說見到了總統。當天晚上史考利與費克斯夫再見面時告知「最高權威人士認同此

互相保證的條件」。

晚上九時，總統收到赫魯雪夫私函，其內容與費克斯夫所提相同，甚而強調：「世界和平取決於我們二人。」大家覺得今晚可以睡幾週來最好的一覺了。

廿七日（週六）早晨，正當執委會討論如何回覆赫魯雪夫的信件時，莫斯科電台轉播赫魯雪夫的正式文件，其內容語氣與其私人信完全不同，甚而提到美在土耳其飛彈事。赫魯雪夫想必研究了廿二日晚包曉夫所傳來的訊息。雖然此時赫魯雪夫姿態轉趨強硬，但為了怕意外，還去電給古巴的指揮官伯威里「任何使用核武器的指令，都須經莫斯科同意」。推翻了早前授權給當地指揮官的命令。

當天下午開會時，傳來更壞的消息，一架U2偵察機早上在古巴被擊落。白宮上下都認為赫魯雪夫是不讓步了。每個人都從希望突轉為絕望。

包括羅伯甘迺迪在內的許多人都認為，只應回覆赫魯雪夫前晚的信，不理睬今天收到語氣強硬的正式文件。晚上羅伯甘迺迪與杜布寧大使在司法部見面，告知美在土耳其的飛彈可撤出（與廿二日晚傳給包曉夫訊息一樣），但不能公開，以免北大西洋公約國及國內右翼人士反感。

當天晚上總統還特別交代魯斯克轉告宇譚，他可在聯大提出美蘇在土耳其及古巴飛彈同時撤出的方案。如此總統可將責任推到聯合國，即可公開支持此提案，此祕聞迄到一九八七年才經魯斯克證實。

美蘇互撤飛彈的訊息傳到莫斯科時，已是當地廿八日早上，

經政治局討論後，赫魯雪夫正式回覆華府告知撤退飛彈之事。給甘迺迪私人信件中特別提到在五、六月時總統將撤出土耳其飛彈的承諾。同時也電蘇聯在古巴的司令：「地對空飛彈不准射擊偵察機，以防意外，及拆除飛彈基地等。」

　　二十八日早上泰勒主持聯合參謀首長會議討論軍事行動，華府時間九點。由莫斯科電台廣播得知危機已解除。十一點執委會聚會時，彭岱說今天大家都是鴿派了。總統特別指示中情局從今起對古巴禁止採取任何不友善的祕密活動。總統也特別要求委員們不要發表意見，不要爭取名譽，更不要做任何勝利的表態。總統說：「赫魯雪夫的讓步不但為了他自己國家，也是為了全人類，這勝利是屬於下一代的人類。」

一九六八年

美國歷史轉捩點的年代

　　一九六八年是美國歷史上的分水嶺，該年發生的許多事件都是影響後代歷史發展的轉捩點，這些事件發生之前，少數已有徵兆，有些已知道，但大部分都是不可思議、不可想像的悲劇。這些事件改變了美國政治、軍事、社會及種族的生態，這些人（如金恩牧師及羅伯甘迺迪被槍殺）、事（如北越攻擊南越）、景（如阿波羅九號離開地球到另外個星球訪問）、物（如間諜船在公海上被北韓劫持）的變化，正是塑造了我們現今所熟悉的歷史軌跡。這一年被後世稱為「障礙的年代」（示威時警察用的障礙物）、「革命的年代」（約翰藍儂的革命歌曲）、「代溝的年代」、「混亂的年代」、「失落的年代」、「叛逆的年代」、「燒毀的年代」（燒國旗、燒徵兵令、國內燒房子、越南燒村落）、「豬的年代」（百姓視警察為豬，黑人稱傾向白人的黑人為白豬）。如果這些事件從來沒有發生，或是事件稍改走其他的路程，那麼今日我們所知曉的歷史真是要重寫了。正如同二次普立茲獎得主，歷史學者史萊辛格談及羅伯甘迺迪的去世：「歷史塑造了他，若時間許可，說不定他也會改變歷史。」

　　美國歷史上發生單一事件的其他年代或許比一九六八年更出名，如一九四一年珍珠港被偷襲，一九六三年甘迺迪總統被槍殺身亡，及二○○一年世貿中心九一一事件的悲劇。但相信往後的歷史學者仍然會把一九六八年列為劃時代、迷惑失落、動盪不安最具影響歷史的年代。光陰荏苒，轉眼三十幾年就這樣過去了，那時候剛畢業的大學生已做過二任總統（柯林頓），那時候冷戰與熱戰（越戰）的經歷實非這一輩的人所能體會出，那時候美國最低工資為一小時一點六美元，美國預算一千八百億美元（二○

〇三年國防預算就高達三千七百億，總預算二兆一千二百億）。我們回顧這一年美國歷史上所發生的關鍵性事件，談談主角們所扮演的角色，他們的軼事及事件的影響。這鋪陳歷史分水嶺的往事，對某些人來講是懷古思情，對其他人來講，則是認清這一段複雜、意味深長、迷人的歷史——不管是好的、壞的或醜陋的故事多少都能鼓舞我們。

這年代輕鬆的事包括國內正式開始了九年國民教育；台北市禁駛三輪車；紅葉大勝來訪的日本少棒冠軍隊；鳳飛飛剛出道但鄧麗君已開始走紅了；瓊瑤的小說（《月滿西樓》）再拍成電影；洪哲勝在美創辦了《望春風》；紀政為我們拿了個奧運銅牌（八十公尺低欄）。在美國來講，錢櫃第一名的歌曲是披頭四的〈Hey Jude〉；奧斯卡女主角為凱薩琳赫本及芭芭拉史翠珊；《2000：太空漫遊》（A Space Odyssey）的電影把科幻帶到了一個新的境界；賈桂琳甘迺迪再嫁希臘船業鉅商歐那西斯。在日本來講，川端康成獲得了諾貝爾文學獎；日政府與外蒙建交。在加拿大，性格獨特的杜魯道（Trudeau）被選上總理。

年初的軍事挫折

一九六八年一月發生的二件事似是證實中共宣稱美國為紙老虎的事實，廿三日中午，北韓砲艇居然在公海上劫持美國首航的間諜船「樸布羅號」（Pueblo，北韓稱十二海浬為其領域，但樸布羅號在十五浬以外），美國政府顏面盡失，不知所措，軍事威脅也沒用，外交談判亦無效。直到年底美國政府道歉後，人質

（八十二名官兵，一名被劫持時身亡）才被歸還（此船現仍在北韓展覽吸引觀光客）。這是美國歷史上被外國武力劫船的第一次，這是美國在劫船初，人質被扣押時，一直到人質被交還後，完全沒有採取任何軍事報復的行動。隔年一月，海軍高層還想以軍法審訊樸布羅號艦長（被扣時他承認從事間諜活動），但海軍部長堅決反對。軍方與大眾對艦長及官兵深不諒解，一直到一九九○年，海軍才授予被俘官兵「戰俘勳帶」。這些官兵所遭受的指責，與最近EP-3間諜機的二十四位官兵，從中國回美後受到英雄式歡迎的待遇相比，簡直是天壤之別。

此羞恥事件自是影響美國往後對北韓南韓的政策，更重要的是其被截獲的密碼／解密機（KW-7）對蘇聯的情報貢獻甚大。上年度，海軍准尉華克（Walker）與KGB接觸，將美國最新的密碼表、解密書及密碼機的技術手冊提供給蘇聯，此密碼表及自「樸布羅號」截獲的密碼機讓蘇聯讀出美國海軍一百萬個祕密訊息。華克間諜案的嚴重性，就如同海軍高層在一九九○年初所提到：「還未開戰，蘇聯已知道我們的底細了。」

月底的北越及越共的「新年攻擊」（Tet Offense），更是震撼了美國，一千名越共潛入西貢採取軍事攻擊，部分的美國大使館被占領長達七個小時之久，此攻擊改變了美國百姓對戰爭的看法。這電視將戰役帶到客廳的事實，喚醒了許多百姓對戰爭最後勝利的幻想。那張普立茲獎的照片（越南安全人員用槍指向一越共頭上的鏡頭），及那段美聯社引用一美軍官所講的話（為了保護這城市，我們需要先毀滅它），引發老百姓厭惡戰爭的情緒，掀起了反戰的高潮（連九十二歲的老太婆及「貴格」〔Quaker〕

教徒都在紐約中央公園放火、反戰、示威可顯出民心的所在）。

　　待哥倫比亞廣播公司主播克朗凱（Cronkite）訪問越南回來做了個特別報導後（who, what, when, where, why），更讓老百姓質疑詹森總統越南的政策——為誰而戰，為何而戰，如何而戰，何時而戰。二月時，美軍傷（二千五百人）亡（五百四十人）人數已是越戰那時期最高的。二月廿四日，美陸戰隊雖已收復了被北越占領的順化，美駐越南協防司令魏斯摩蘭（Westmoreland）將軍亦宣稱「我們贏得此役」（越共及北越共損失一萬人），但往後的歷史卻證實了美國雖贏得此戰役，但卻輸了整個戰爭（win a battle, lose a war）。此「新年攻擊」事件成為美國政府對越南政策，大眾及國會從支持越戰到反對越戰的轉捩點。

　　三月發生的「米來大屠殺」（幾百位村民被殺），在幾年後才知事件的嚴重性及人性在戰場上的無人道。排長凱利（Calley）在一九七〇年十一月遭受軍法審判被判刑，後尼克森總統下令將他從無期徒刑改為軟禁，直到一九七四年他才被釋放。總之，往後在校園內及在街道上的反戰示威帶來了美國鷹鴿派，保守自由派，南北方，都市鄉村及黑人白人的「分裂的國家」，上下輩對戰事看法的不同帶來了「分裂的家庭」。雖然年中美國已有五十萬大軍駐防越南，但在那兒的將官們已不再談到「可看到在隧道前的一盞明燈」。稍後，「越南化」、撤兵、巴黎和談（諷刺的是季辛吉與北越的黎德壽在一九七三年還獲得諾貝爾和平獎），到最後的西貢失守，顯示出整個越南政策是美國歷史上最黑暗的一面。越戰失敗的陰影及慘痛的教訓，一直到一九九一年波灣戰爭後，才讓美國軍方揚眉吐氣，走出陰影。

春天的政治事件及刺殺

　　三月的政治事件對美國的歷史影響自不在話下。十二日在新罕什爾州民主黨總統初選時爆出冷門，以反越戰而參選的麥卡錫（McCarthy）參議員（明尼蘇達州）居然羞辱現任的詹森總統，詹森雖贏了幾百張票，但事實上他是完全慘敗。這歷史性的時刻帶動了往後一連串的事件──十六日，羅伯甘迺迪宣布參選民主黨總統提名，卅一日，詹森總統意外驚人的宣布：「我不參選，也不接受黨的提名。」羅伯甘迺迪的參選導致他在幾個月後，在加州初選勝利後被槍殺的悲劇。

　　四月四日，金恩牧師（Martin Luther King）被槍殺身死的事件，帶來了美國社會最不安的時刻，一百多個城市黑人的暴動（近五十人死亡，包括放火、搶劫、暴動）將種族問題帶到了最高潮。稍早前的三月廿八日，金恩牧師為了解決曼非斯（田納西州）垃圾收集工人罷工的問題，在和平示威遊行中與警方發生衝突，而導致一人死亡，六十人受傷及一百五十人被捕。他隨後計畫在華府舉行「貧窮人的遊行」，卻於四日在曼非斯汽車旅館二樓陽台上遭人槍殺，直到六月，兇手雷（Ray）才在倫敦機場被捕。

　　事實上，金恩牧師在二月亞特蘭大佈道時，似乎已有預知他將被刺殺的感覺，他說：「希望有人在我死後，說我是為了別人而犧牲自己。」三日晚回到曼非斯在傳道時，他也談到「我對任何事情都不憂慮，對任何人都不懼怕」。這位獲得諾貝爾獎（一九六四年和平獎）的民權領袖（一九六三年《時代週刊》「年度

風雲人物」），毫無疑問地是美國社會最具影響力的黑人領袖，他似是一位在解決「無人道」、「無正義」種族問題列車上的列車長，他的逝世代表列車突然被煞車而出軌，也讓往後列車行駛的方向產生迷憾。總之，他的演說技巧及個人勇氣無人可出其右，他一直是「甘地」的崇拜者，深信他「和平無暴力的反抗」會讓種族歧視成為過去的歷史名詞，他在一九六三年八月華府林肯紀念堂前「我有個夢想」的演講——要求對所有種族平等對待——是二十世紀最傑出的四大演講之一，此篇傳頌千古的演說喚醒了美國百姓對種族歧視的良知。

此月，哥倫比亞大學生為了他們的理念，占領校區行政大樓，七天後，紐約市動用一千名警察以暴力手段將學生們驅出五棟大樓。稍早前二月，學生民主聯盟（SDS）已在校園內示威反對陶氏化學公司（Dow Chemicals）在校內招雇學生，隔月混亂的示威帶來了四月占領校區大樓的高潮。此學生反戰、反徵兵、反種族歧視（國內及南非）、反文化、反主流派、反傳統、反一切的煽情活動延續到柏克萊（加州）、安阿伯（密西根）、麥迪遜（威斯康辛）等大學所在地，學生們在校園示威活動比街道上百姓的示威更具影響，這一連串學潮在八月民主黨總統提名大會時，把芝加哥市區大暴動時帶到了最高潮。此學潮似像感染性疾病，引起五月巴黎的學運（隨後引發的工運）及十月墨西哥的學潮（此所謂的特拉特洛爾科〔Tlatelolco〕大屠殺，墨西哥報紙在二〇〇二年二月才公布了慘不忍睹被殺屍體的照片）。學生們的活動似是把知識分子所擁有的天真、理想、樂觀精神表現出來（相對地也幻滅了），待一九七〇年尼克森派兵入侵柬埔塞後，國

民兵在肯特（Kent）大學槍殺示威的四名學生，更成為美國校區
內最大的悲劇。

夏天的刺殺及暴動

　　六月四日，羅伯甘迺迪贏得了加州民主黨總統初選的勝利，
雖然他在五月底俄勒岡州輸給「反戰英雄」的麥卡錫，同時在民
主黨總統初選代表票數上遠落在副總統的韓福瑞之後，但他深具
信心可重新整合分裂的民主黨，而贏得在八月黨大會的總統提
名，進而在十一月擊敗尼克森，步他哥哥之路入主白宮。不幸隔
日凌晨，他在洛杉磯「大使旅館」競選總部答謝支持他的百姓
後，途經廚房餐具室時被巴勒斯坦人史漢（Sirhan）槍殺身亡，
當時他只有四十二歲，他的保鑣包括一九六〇年奧運十項金牌的
強生，亦只能在射擊後制服兇手。他的逝世震撼了美國，一部分
人的悲傷多少歸致於「甘家王朝」的悲劇，但大多數人的感傷沮
喪則是針對他的反戰、反貧窮、反犯罪、反種族歧視、助弱小團
體的勇氣。他們認為未來混亂的社會問題，因為他的逝世，似是
像無舵手的船在大海中漂浮。六月八日在紐約市的聖派屈克大教
堂追思典禮時，他的弟弟愛德華甘迺迪參議員說到：「不要把我
哥哥理想化，他只是個平凡的人，他只想糾正錯誤的事，安慰治
癒那些痛苦的人，停止這無謂的戰爭。」
　　儘管他沒有司法經驗及任人唯親，他哥哥當選總統後，任命
他為司法部長。在古巴飛彈危機時，他扮演了最重要的角色，那
時候的他是鋒芒畢露的時刻。甘迺迪總統在達拉斯被槍擊後的隔

年，他競選紐約州參議員獲勝。他與詹森總統貌合神離——各自指對方是最卑劣的人。甘迺迪是非常二極化矛盾的人，行事風格備受爭論：他一方面仁慈，另一方面非常粗魯；有時關懷別人，但許多時候卻冷酷無情；一方面屈服於現實，另一方面則是個典型的機會主義者；有時低聲下氣，有時卻大發雷霆；大部分時候非常大方，有時卻只顧自己；他雖然坦誠天真，但時常顯示擺布（manipulative）及狡詐（canny）的手段；他的性格是果斷，但卻時常猶豫；大部分時間他走前門，但有時卻走他側門的管道；他為人浪漫，但卻節制；他雖受天主教的教養，但卻不是宿命論者。總之他的朋友說他完美無缺，他的敵人卻說他一無是處，他是歷史學者最典型的「what-if」代表——他若不死，假如被選上總統，歷史就沒有尼克森、卡特、雷根⋯⋯。

　　縱使羅伯甘迺迪及金恩牧師都是有瑕疵的性格（甘迺迪在當司法部長時批准聯邦調查局竊聽金恩牧師的電話），他們的奮鬥、理想、遠景及熱情，最主要的是他們的早逝，迄今都讓老百姓懷念他們。一九八六年金恩牧師的生日訂為國定假日，二○○一年司法部大樓以羅伯甘迺迪為名紀念。

　　七月一日美國簽訂防止核武擴張條約，這是冷戰中最佳的副產品之一，此條約除了防止核武擴張及抑止其他國家發展此最具殺傷力的武器外，最主要的是提及到核武器的控制及裁減，此條約的精神在後續一九七○年代尼克森與布里茲涅夫「低盪」（détente）時期中，簽下許多核武管制協議下最顯示出來。此條約對歷史上來講，顯示了核武的多但不表示好（more is not better）——一百枚核彈就能夠毀滅地球，要一千枚又有何差別？相互保

證毀滅（Mutual Assured Destruction，同歸於盡）概念又如何？怪不得有人問愛因斯坦：「第三次世界大戰所使用的武器是什麼？」他說：「我不知道，但第四次世界大戰的武器則是幾個人投擲的石頭」。

　　暑假末期在捷克發生的事件也直接影響美蘇二國冷戰的關係，雖然此篇談到美國一九六八年的歷史，但此捷克事件是不能遺漏的。八月廿一日，蘇聯及華沙公約五十萬軍隊進入布拉格，次日，逮捕包括杜柏克（Dubcek）的改造派領袖，結束了所謂「布拉格之春」的幻想。該年一月，杜柏克被選為捷克共黨領導人，四月，他提出「人性化的社會主義」（Socialism with human face），進行政治及經濟的改造，六月，其他改革派分子更提出「二千句話」的宣言，此作風比杜柏克的主張更積極，直接批評共黨的統治。但蘇聯不會因其附庸國的改造而失去它的領導地位，更重要的是，成功的改造會直接影響共產主義的存在。總之此蘇聯入侵布拉格事件比一九五六年蘇聯進兵匈牙利的布達佩斯更嚴重。一九六八年的「布拉格社會主義理想」雖暫經挫折，但火種多少影響一九八〇年代戈巴契夫的改造及重建，甚而間接地促使共產主義的瓦解及蘇聯政府的解體。很巧的是，一九八九年捷克共黨瓦解後，杜柏克成為異議作家哈維爾（Havel）當總統時的國會議長。

　　我們回來美國，八月廿八日，民主黨員大會提名韓福瑞為總統候選人，提名時會場非常混亂，但在場外芝加哥街道的示威暴動更掩蓋了此提名大會，這夏天的革命似是把美國的天真拋棄一角。稍早前，芝加哥警察局拒絕核准遊行人在公園夜宿的申請，

廿三日，市政府規定晚上十一時宵禁，廿五日晚暴動開始，最高潮時示威人數高達一萬五千人，事態的嚴重性可由芝加哥市長戴利（Daley，其子為二〇〇〇年高爾總統競選總幹事）所調度的兵力看出：一萬二千名警察，七千五百位陸軍士兵，六千名國民兵及其他安全與聯調局人員。電視的轉播讓老百姓覺得民主黨連自己的家務事都搞不好（提名會場一團亂），民主黨的市長連治安都無法維持，那麼民主黨如何可治國？是故歷史學者認為此暴動是年底尼克森小贏韓福瑞的主因。此暴動加上學生們在各校區的示威，及稍早前金恩牧師被殺後的黑人暴動，真是把一九六八年帶到最混亂不安的年代。

隔年，聯邦陪審團起訴八人，後因黑豹黨史利（Seale）的個別審判，故出庭審判時只有出名的「芝加哥七位」（Chicago 7），開庭時，被告及被告律師大膽挑釁法官（如魯賓〔Rubin〕在庭上高呼希特勒萬歲，柯夫曼〔Hoffman〕故意身穿法官服，大喊法官是猶太人的走狗），以致法官對被告及被告律師開出二百多個蔑視法庭罪。經過二十一個星期的冗長開庭，五位被告被判刑。這些激進抗拒分子後來的命運完全不同，最老的德林格（Dellinger，時年五十四歲）現在還是反戰的左派老頑童，有些人已從衣衫不整、不修邊幅的嬉痞（Hippie），變成穿西裝、打領帶的雅痞（Yuppie）（如車禍去世的魯賓及風險投資家戴維絲〔Davis〕），主角柯夫曼後來自殺，柯登（Hayden）後選上加州議員並娶電影明星珍芳達。芝加哥市長戴利則贏得他的第二次聲（惡）名（第一次是號稱他從墓地中找人出來投票，讓甘迺迪在一九六〇年芝加哥大勝，進而贏得伊利諾州的選票）。我想這些

似是角色混淆但有理想的人，在他們掙扎叛逆中都想到泰德羅斯福（Teddy）所講的名言：「人們在為有價值的理想奮鬥時，雖然失敗了，但至少是勇敢地失敗，他們在歷史上的地位，遠超過那些膽小及無見解，既無嘗知失敗之苦亦無體會成功之樂的人。」

秋天的選舉及奧運

十一月五日的選舉讓尼克森終於入主白宮，雖然尼克森就任後的政策及在白宮的行動成為許多美國歷史上的里程碑（進攻柬埔寨、水門事件、打開中國之門、終結越戰、與蘇聯簽核約、被眾議員彈劾、任內辭職），但歷史卻證明此次選舉中所謂「沉默選民」的重要性，此乃阿拉巴馬州長華理士（Wallace）居然拿了近百分之十四的選票（近一千萬張票，候選人票四十六張）。華理士在一九六三年阿州州長就職典禮時提到「現在的種族隔離、明日的隔離、永久的隔離」，以爭取南方保守派的支持（如反對黑人與白人種族平等），華理士在南方各州所拿的選票，正是往後總統選舉的策略。華理士在一九七二年民主黨初選時在馬里蘭州遭人槍傷而半身癱瘓，往後他的種族想法完全改變，他還靠黑人的選票而競選連任阿拉巴馬州州長。

十月十二日，墨西哥奧運的運動員將政治直接介入了奧運，美國二位黑人選手在頒獎儀式奏國歌時，掛著金銅牌（二百公尺），舉單手，低頭示威抗議，以表示他們對種族歧視的不滿。稍早前，所有非洲國家的選手為了南非種族問題，而威脅拒絕參加。這些政治上的舉動似是把一九七二年慕尼黑奧運的悲劇帶到

了最高潮（恐怖分子在選手村劫持以色列選手，德國警察在機場營救時，導致七名以色列選手，五位恐怖分子及一名警察因槍戰而身亡）。一九八〇年與一九八四年美蘇也因不同的政治理由相互抵制莫斯科及洛杉磯的奧運。

墨西哥奧運除了紀政為我國獲得一面銅牌外，高空稀薄的空氣讓跳遠的二十九呎打破前紀錄約一呎九吋之多，此號稱不可能被破紀錄的紀錄一直保持了二十多年。同時，非正統的背向式跳高技巧也帶來往後跳高的新紀元。此奧運正式開始了運動員藥物的測試。

年底的喜悅

十二月廿一日，阿波羅八號的月球飛行是人類有史以來第一次離開地球到另外一個星球的歷史大事。《時代週刊》該年的「風雲人物」即選擇阿波羅八號的指揮官波曼（Borman），指揮艙駕駛羅維（Lovell）及月球艙駕駛安德（Anders）三位。早上七點五十分，太空艙在威力強大的神農五號（Saturn V）火箭發射下，直奔月球，在二十小時內環繞月球十次，電視轉播了在此二十五萬哩外在月球飛行的鏡頭，包括在另外個世界所看到的「地出」及「地沒」。聖誕前夕，指揮官波曼提到「願上帝祝福在地球的你們」，更讓電視機前的觀眾感動不止。阿波羅八號不但是科技上的突破，人類朝未知地探察的成功，引導了隔年阿姆斯壯的正式登陸月球，最主要的是此事件讓百姓覺得有點信心（美蘇在冷戰中的太空競爭），感覺安慰些（上年度初，阿波羅一號在

發射台失事，三位太空人殉職），及一掃今年許多悲劇所帶來的
陰影及痛苦。

一九六八年流行及落伍的項目可看出社會歷史的變遷

流行	落伍
Ms.	Mrs.
豬（警察）	龍（軍人）
反戰	擁戰
做愛（make love）	做戰（make war）
人性	歧視
雅痞（Yuppie）	嬉痞（Hippie）
T恤	西裝
音樂（藥物、和平）	音樂（古典、愛情）
披頭	貓王
飛盤	呼拉圈
林彪	劉少奇
比吉斯（Bee Gees）	瘦皮猴
計程車	三輪車
喇叭褲	迷你裙
性開放	性抑止
獨立國	殖民地
三角褲（男）	四角褲（男）
四人幫	紅衛兵
尼克森	戴高樂
胡志明	毛澤東
黑豹黨	民主黨
狗仔隊	突擊隊
披頭長髮	赫本短髮
黑人長髮	女人乳罩
程式軟體	程式Go-To
大麻、迷幻藥	鎮定、抗憂鬱藥
拳王福萊瑟（Frazier）	拳王阿里（Ali）
電視「六十分鐘」節目	電視「蘇利文綜藝」節目
Unisex	Single sex
（不分男女的衣服、理髮廳、學生宿舍）	

一九六八年社會的點滴

娛樂
- 奧斯卡最佳女主角凱瑟琳赫本及芭芭拉史翠珊
- 百老匯歌劇《Hair》首演
- 哥倫比亞廣播公司的《六十分鐘》首播；公共電視台《羅傑斯先生和他的鄰舍》節目首播
- 電影明星樂蒂自殺

文學
- 諾貝爾文學獎得主川端康成
- 一九六二年諾貝爾獎得主華生（Watson）出版他發現DNA結構的書《雙螺旋》（*The Double Helix*）
- 一九六二年諾貝爾獎得主史坦貝克（Steinbeck）出版《憤怒的葡萄》（電影譯《怒火之花》）及《伊句園》（電影譯《天倫夢覺》）的作者逝世
- 海倫凱勒逝世

體育
- 墨西哥奧運首次對運動員測試藥物；東德正式以一國家參加；背向式跳高；跳遠的紀錄
- 溫布頓網球賽首次有職業選手正式參與
- 洛杉磯加大（UCLA）獲美大學聯盟籃球冠軍
- 波士頓塞爾特（Celtics）獲美職籃（NBA）冠軍
- 綠灣包裝人（Packers）獲美職足（NFL）冠軍
- 底特律老虎（Tigers）獲美職棒冠軍

其他第一的事件
- 波音公司747飛機首飛
- 柯達公司發明快照相機
- 英特爾創立
- 計算機首次出現滑鼠的觀念
- 南京長江大橋通車
- 諾貝爾獎增設經濟獎
- 台北縣竹林高中創校

9

阿波羅十一號

登陸月球前太空計畫演變的歷史回顧

一九六九年七月廿日，不可思議的美國太空人登陸月球，讓那一代的人都記得在何處聽到阿姆斯壯（Armstrong）所講的那句名言：「這是我的一小步，卻是人類的一大步。」兩位太空人在月球穿著太空厚衣，跳來跳去的活動，揭開了我們幾千年來對月亮的神祕感，似是對「月宮」的憧憬、幻想、神話及感情產生了不同的感受。這喜劇的訊息，正如同美國近代三件悲劇事件一樣，使人難以忘懷──一九四一年珍珠港事件、一九六三年甘迺迪總統被殺及最近的九一一悲劇。所不同的是，其他歷史事件都事先無法預估，但此登陸月球的壯舉，人們卻早已知道時間及地點。這種科技探險的成功，實在是人類的驕傲。從最近公開的甘迺迪談話，我們才了解登陸月球的真正目的是想在冷戰的對峙中贏得太空競爭的勝利。

一九五七年十月四日，蘇聯第一個人造衛星──史潑尼號（Sputnik）發射成功，在當時雖然蘇聯認為只是太空科技的成功而已（《真理報》頭版下方只是一小標題），但卻深深地震撼了美國。此事件觸發了美蘇太空的競爭，最後導致美國的登陸月球。而一個月後，蘇聯再發射一位載小狗的衛星環繞地球，這更讓美國感到顏面盡失，急起直追，一直到一九五八年一月底，美國才發射了「探險者」（Explorer），此發射的火箭由馮布朗（Von Bruan）研發成功（火箭之父馮布朗在第二次世界大戰後，被美陸軍從德國「請」他及他的團隊來美協助火箭發展）。是故，在二百年後的歷史學者想必會將此「史潑尼號」肯定為二十世紀歷史的轉捩點。

我們回顧登陸月球的歷史，談談早期二個太空計畫而導致

「阿波羅計畫」（Apollo）登陸月球的成功，並談談太空人許多趣事，總希望從此歷史性的回顧喚起大家美好的回憶。

水星計畫

美國早期負責太空發展的單位是「航空諮詢委員會」，即NACA（National Advisory Committee for Aeronautics，中情局在一九五六年U2偵察機機尾，即用NACA標誌，佯稱偵察空中氣象之用）。「航空諮詢委員會」在一九五八年十月正式改名為「太空總署」（NASA），隨後宣布「水星計畫」（Project Mercury），其主要目標即為發射載人的太空艙環繞地球，此計畫由太空總署內剛成立的「太空工作小組」（Space Task Group）負責（只有三十六位同仁）。次年一月，太空總署挑選太空人（資格：身高低於一百八十公分，體重輕於八十公斤，飛行時數超過一千五百小時等）。二月，太空總署正式與麥克唐納（McDonnell）公司簽約建造太空艙。四月，太空總署介紹俗稱「水星七」（Mercury 7）的七位太空人。那時候這些還沒有正式飛向太空的太空人，立刻成為家喻戶曉，百姓及媒體崇拜的英雄，《生活雜誌》（Life）甚至與他們簽約，獨家報導有關他們的趣事。

「水星計畫」從一九六一年到一九六三年，成功地執行了六次載人的太空任務（太空人史雷頓〔Slayton〕因心律不穩而遭停飛，他後來主管各任務太空人的圈選，一九七五年他總算飛到太空參與阿波羅─聯合號（Apollo-Soyuz）試驗計畫）。「水星計畫」的每次任務，太空人可選擇任何代號（如自由號、友誼號等），

每一代號後均為數字七，代表此七人組成的「水星計畫」。我們從現在的科技知識來看，這些太空任務都是按部就班，依照計畫進行，得到成功的果實似乎是理所當然而且非容易的，但當時從火箭的發射，回大氣層的推力，追蹤站，到儀表控制等都無前例可循，而且那時候的電腦容量，還不如現在小型的電腦，所以當時所耗的人力、物力及所遭遇困難遠超過我們所能想像的。如同甘迺迪總統在休斯頓鼓舞工作同仁時提到：「我們做這些事情，不是因為它們容易，而是因為它們困難。」

「水星計畫」包括兩次載大猩猩的實驗。首先兩次載人的飛行，因紅石（Redstone）火箭威力不足，是故只是次軌道飛行（一九六一年五月五日薛波〔Shepherd〕為美國第一位上太空的太空人；第二次在一九六一年七月由葛瑞森〔Grissom〕駕駛）。真正第一位上地球軌道的是葛倫（Glenn），他靠強有力的擎天神（Atlas）火箭送到太空，在他上太空前（一九六二年二月廿日），另一太空人從航空中心講了一句出名的話：「一路平安」（Godspeed），當他在七十七歲搭乘「發現號」（Discovery）太空梭上太空前，控制台也用此語。葛倫的「友誼七號」繞地球七次回到地球後，受到「林白」式的英雄歡迎，除了在發射中心獲得甘迺迪的親自迎接外，還在白宮接受總統授勳，並且到國會演講及參與紐約市的盛大遊行，受到民眾熱情的歡呼。

「水星計畫」最後一次的任務（一九六三年五月），由庫特（Cooper）環繞地球飛行二十二次，費時三十四小時，庫特是個怪人，在出任務的前幾天，他駕了一架太空總署的F-102，低空直衝發射台，嚴重違反飛行紀律，差點被取消飛行資格。他的心

跳及呼吸率在發射前反而降低，居然航空中心還要叫醒他兩次，在飛行中，有陣子太空艙的二氧化碳濃度過高，他亦不緊張，他聲稱看到了喜馬拉雅山、火軌、高速公路。在當時，沒有人會相信在一百哩高空中，可以看到庫特所見到的景象，然而此事實終於在往後「雙子星」（Gemini）任務中被證實；另外，在他的自傳中，他更宣稱美國政府隱瞞外星人飛船到地球的消息。

此時，蘇聯的太空活動及成效，似是總走在美國前面，一九六一年四月十二日，太空人加加林（Gagarin）在離地面二百哩上空的軌道環繞地球一周（早葛倫十個月），蘇聯以此為「社會主義」戰勝「資本主義」的範本。他在一九六八年米格機失事後，遺骸葬在克里姆林牆內。在葛倫飛行後，蘇聯又創下兩個新紀錄，兩個太空人停留在太空的紀錄（七十一及九十四小時），一直到幾年後才被美國的「雙子星計畫」所更新。

一九六一年五月廿五日，年輕又無經驗的甘迺迪，或許深受加加林的上空之遊及豬玀灣悲劇事件影響，在國會演講時，竟豪語宣稱：「在此六〇年代結束之前，我們要送人到月球。」有人提到，如果總統年齡大些、成熟些、經驗多、聰明點，他絕不會講這些不切實際的話。

「水星計畫」結束前，「太空任務小組」改名為「人控飛行中心」（Manned Spacecraft Center），遷移到休斯頓（現為詹森太空中心），並開始籌備「雙子星計畫」及爾後登陸月球的「阿波羅計畫」。此時，中心已有二千五百位工作同仁，此中心與佛州卡納維爾角（Cape Canaveral）太空發射中心（現為甘迺迪太空中心）及阿拉巴馬州的太空飛行中心（火箭），結合成為美國發

展太空飛行的主幹。

雙子星計畫

　　一九六三年太空總署公布了第二批九位太空人，接著，第三批的十四位太空人亦於一九六四年初報到，以執行「雙子星計畫」。此計畫共有十次載雙人的任務，其目的隨各任務而異，但最終理想還是為未來「阿波羅」登陸月球做好準備。「雙子星三號」在一九六五年三月廿三日，由葛瑞森及楊格（Young）駕駛，靠麥坦二號（Titan II）火箭飛上太空、更換了繞地球的軌道，從100 × 140哩降到93 × 106哩（軌道為橢圓形），有趣的是，楊格偷帶三明治上艙，讓「飛行中心」醫生氣得無可言喻。「雙子星四號」（六月三日）的懷特（White）過足了「太空漫步」（Spacewalk）之癮，到了結束的時刻還在外流連，當被命令回艙時，還心不甘情不願的說：「這是我平生最悲慘的一刻。」但這成功的任務，卻無法超過蘇聯的光彩，因為蘇聯的太空人在稍早前（三月十八日），早已進行了十分鐘的太空漫遊。

　　「雙子星五號」八天的太空行程，總算打破了蘇聯的紀錄。「雙子星六號」的任務是個太空歷史的轉捩點，值得特別一提。本來此任務是練習太空艙（太空人席拉〔Schirra〕及史達福〔Stafford〕）與另一無人的衛星（Agena）在空中會合與相接，但十月廿五日因此衛星發射時失事而作罷，任務以後改為兩艘太空艙在上空會合，任務的重要性可由詹森總統親自宣布而知。很巧的是，「飛行中心」的操作主任克夫特（Kraft）在此任務前，他

搭乘的飛機遭人劫機欲飛往古巴，所幸劫機者被他及其他旅客制服（第一次美國的劫機），總之「雙子星七號」（太空人波曼〔Borman〕及羅維〔Lovell〕）在十二月四日先行上空，等待與十二日才上空的「雙子星六號」太空艙（十五日才正式上空）。四位太空人在兩艘相距只有六呎的太空艙內打招呼，在當時這簡直是不可思議的奇蹟。三位太空人出身海軍官校，只有波曼是西點畢業的，是故當希拉寫了個大牌「擊敗陸軍」（陸軍官校及海官的每年足球比賽是他們最大事），大家都會心一笑。羅維回地球時戲稱：「我有點像被關在洗手間十四天的那種感覺。」總之，此任務總算開始了往後一連串美國領先蘇聯的太空競爭。

「雙子星八號」（一九六六年三月十六日）則首先連接（docking）了太空艙與另外一個無人的衛星，這任務的成功，使大家對將來月球登陸的信心大增。「雙子星十號」則是第一次太空人（柯林斯，Collins）從他的太空艙走到另一個無人的太空艙。「雙子星十一號」的特色則是軌道離地面高達八百五十哩。「雙子星十二號」的艾德林（Aldrin，麻省理工學院航空博士，他是硬被補上去的，因二位太空人在一九六六年二月飛機失事）則在外太空漫步二小時之久（前三次的太空漫步均不太順利）。「雙子星計畫」至此總算到了一個結束的階段了，在這二十個月內，十次載人的經驗及知識，對往後登陸月球的助益自不在話下。此時，休斯頓「飛行中心」已有一萬四千名工作人員。

阿波羅計畫

事實上，早在一九六二年中，到月球的方法已有定案，用馮布朗威力強大的火箭，發射指揮母艙及登陸月球小艙，繞地球後直奔月球，在月球軌道中，火箭再將登陸月球小艙發射到月球；任務完畢後，小艙上層（下層留在月球）再被發射回到繞月球的母艙，連接後再從月球回到地球。此方案當時似是虛擬的科技小說，二艘太空艙分離、結合（雙子星計畫已證實可行）的作法，簡直是天方夜譚，但太空總署科技人員卻深具信心，堅定的認為所有困難及挑戰都可以被克服，克夫特還提到「人類成就的突飛猛進就是在風險最大的挑戰之中完成」。

成功之前總有崎嶇之路。在正式任務前，太空總署遭遇到最大的悲劇，一九六七年一月廿七日，「阿波羅一號」的三位太空人（葛瑞森，懷特及雪夫〔Chaffee〕）在發射台進行上空前測試時，不幸因指揮艙突然失火而意外喪生，人們無法承受這三位太空人在發射台出事的悲劇，這個災難不亞於一九八六年「挑戰者」（Challengers）太空梭在空中爆炸的意外，及二○○三年「哥倫比亞號」太空梭罹難。最近美空軍發射無人火箭的泰坦四號，綽號即稱「Gus」以紀念葛瑞森（他的小名）。

失敗的教訓及指揮艙／登陸月球艙的改進，總是對往後的任務有所助益。一九六七年十一月神農五號（Saturn V）火箭成功地將無人的太空艙、虛擬的月球登陸艙及其他設備送到太空，由馮布朗研發的神農火箭比泰坦火箭更具威力，高達三十層樓的火

箭（重三千噸）共有三節，第一節直徑三十三呎，擁有五個引擎
可產生七百五十萬磅的推力，第二節（直徑三十呎）在六分半鐘
之內，消耗一百萬噸的氫氣及氧氣液態燃料。林白稱此火箭一秒
的燃料消耗已足夠他飛到巴黎了。這項成功總算對葛瑞森、懷特
及雪夫三位太空人犧牲的悲劇有所安慰。

　　第一次由真正太空人操作的「阿波羅七號」，終於在一九六
八年十月十一日發射上空（太空人席拉，艾爾〔Eisele〕及康尼
瀚〔Cunningham〕），其目的即熟悉指揮艙的操作，這是第一次電
視實況轉播，指揮官席拉是唯一飛過「水星」、「雙子星」及
「阿波羅」任務的太空人。這年底的成功帶給美國百姓一些新希
望，概此年發生許多悲劇事件，包括越共攻擊南越西貢，金恩牧
師及羅伯甘迺迪被殺，民主黨總統提名會時暴動，蘇聯入侵捷
克，以及其他歷史的時刻（詹森總統宣布不參選連任）。

　　或許許多人還依稀記得「阿波羅八號」的事件，它是第一個
人類離開地球到另外星球旅行的任務（八月才臨時決定要到月球
軌道，十二月廿一日上空），太空人波曼、羅維及安德在二十萬
哩外往月球途中，描述地球的情景，就像是一個旅遊團導遊介紹
景物一樣。當即將進入月球軌道時，羅維只輕淡地說，「我們在
另一邊再談」（太空艙在月球背面時，通訊完全中斷），在這三十
分鐘的時間裡，大家憂慮的等待心情，實在不能用言語形容。當
航管中心聽到羅維聲音再次出現時，幾乎每人都喜極而泣。聖誕
前夕，指揮官波曼在電視轉播提到：「願上帝祝福在地球的你
們。」他們在月球繞了十次（二十小時），發射火箭成功地返回
地球，更讓「飛行中心」對將來登陸月球深具信心（若失敗，他

們一直會留在月球軌道）。安德拍下許多從月球看到地球上升的照片。這些從另外一個星球探險回來的三位太空人，被《時代雜誌》（*Time*）選為「年度風雲人物」（Man of the Year）。

　　隨後的「阿波羅九號」（一九六九年三月三日）在地球軌道練習指揮艙及月球登陸艙的分離與結合，指揮官麥迪維（McDivitt）稍早前看到這四個怪角的月球登陸艙說：「這紙巾做的玩意，我們一不小心會一腳踩到底（put a foot through）。」，專家認為此任務的困難度，是僅次於稍後「阿波羅十一號」的登陸月球。「阿波羅十號」（五月十八日）則操練在月球軌道上兩艙的分離及結合，環繞月球軌道三天，飛行離月球只四萬七千呎上空，查看將來登陸的位置。

　　期待已久的「阿波羅十一號」終於在七月十六日九時三十二分上空，有百萬人在發射台附近觀看，神農火箭發射時的聲音，讓人感覺似是僅次於核子彈爆炸的威力，十億人在電視面前觀看，指揮官為阿姆斯壯（「雙子星八號」把太空艙控制平穩的英雄），指揮艙駕駛為柯林斯（「雙子星十號」老手，原本預備飛「阿波羅八號」，因頸部骨小刺開刀而換成此任務），登陸月球艙駕駛為艾德林（雙子星最後一次任務時，解決許多太空漫遊的問題）。四天後飛到月球時，登陸月球艙（老鷹號，Eagle）順利與指揮艙分離後，待「老鷹號」從月球後面出來後（二十二分鐘無通訊），休斯頓控制中心下達指令「你可慢慢下降了」，此時由柯林斯所駕駛的指揮艙正在上空五十哩環繞月球，稍後，大家都聽到阿姆斯壯的聲音：「休斯頓，老鷹號已經登陸了……。」

　　隨後的五次月球登陸任務，雖有成就，但總不如「阿波羅十

一號」第一次成功登陸所產生的高潮。由湯姆漢克斯所演的《阿波羅十三》，我們都熟悉了羅維所講的名言：「休斯頓，我們有問題了。」電影讓我們知道他們英勇的過程而且能安全返回地球。羅維回來後還說：「任務失敗了，但是它是成功的失敗。」我們依稀也記得「阿波羅十四號」的薛波在月球上揮高爾夫球桿的鏡頭。「阿波羅十五號」也揭發了太空人攜帶郵票到月球再高價出售的醜聞。太空人馬迪琳（Mattingly）因麻疹而未上「阿波羅十三號」，反而搭乘「阿波羅十六號」上了月球，此任務的楊格是唯一飛到太空四次的太空人（二次雙子星，二次阿波羅任務）。

　　每次到華府的太空博物館，看到這些歷史性的痕跡及展示，包括不同的太空艙，我們除了會對早期太空計畫的成功及劃世紀的月球登陸，由衷地產生敬佩之外，還總有分享這些太空人及工作同仁甜酸苦樂的感覺。未來是否還有其他國家的人上月球，或是美國太空人登陸火星，我們只好等待未來的歷史來驗證了。

越戰

人事景物的點滴回憶

　　每回走過華府的越戰紀念碑時（耶魯學生華裔林瓔女士設計，她現為耶魯校董），除了蕭穆感傷，夾雜著些療傷止痛的情緒，心理上覺得與刻在V形黑色大理石碑上的陌生人有一絲聯繫感之外，內心總是思索著這些光榮為美利堅合眾國捐軀的軍人，當時到底是為何而戰？為誰而戰？這場五萬八千官兵的犧牲，十五萬人受傷，二千人失蹤的戰爭，其價值究竟何在？答案當然是見仁見智。不過毫無疑問的，這讓連續五位美國總統頭痛的越南，二位總統主導運籌的越戰，的確對美國近代政治、外交、軍事及社會的影響之大，無出其右，它不但改變了美國歷史的軌跡，更有如夢魘般始終無法讓美國政治及軍事家釋懷，越戰的陰影總是籠罩在人們心中揮之不去。

　　這冷戰「圍堵政策」防止共產主義「骨牌效應」的副產品，這「自由民主」與「共產極權」對立後的產物，是美國歷史上第一次軍事上的挫折與失敗（韓戰好歹還打個平手），越戰持續時間比美國內戰及二次世界大戰還長久，在越戰高潮顛峰期（美軍兵力高達五十萬），美國街頭示威暴動與校園反戰學潮把美國帶領到一個「分裂的國家」──鷹派鴿派、保守派自由派、南方北方、黑人白人、鄉村與都市的對立。父母親與子女看法的不同甚至帶來了「分裂的家庭」。如今距越戰停火（一九七三年）一晃已過了三十年了，中年人還依稀記得電視轉播戰場上死傷的鏡頭，西貢的失守，美國大使館群集的難民潮，及稍後海上船隻難民逃亡的悲劇。那幾張普立茲獎得主的照片（如南越公安人員持手槍瞄準越共頭上；一名赤裸女童驚恐無助的奔逃），總是烙印在當代人們的記憶中。關於越戰，至少已有上百本的書出版，官

方紀錄（如「五角大廈文件」、「美國外交關係」及各總統的圖
書館）也有充分的報導，軍方資料也包括大小戰役的情況，解密
的文件更包括許多政策的決定。這一篇文章只是一個局外人一些
零星的感受，回憶那時候的人事景物，包括了許多越戰的轉捩
點，如一九六三年吳廷琰兵變被殺，六四年「東京灣決議」，六
八年「北越新年攻擊」，六九年「尼克森的越南化」，七〇年「柬
埔寨入侵」，七三年「巴黎停戰協議」及七五年的「西貢失守」。

美國的參與

邱吉爾在一九四六年提出「鐵幕」這個字眼之後，「冷戰」
已是「自由民主」與「共產極權」對立的代表詞。杜魯門的「圍
堵」政策無法防止北韓入侵南韓，共和黨的艾森豪在一九五三年
上任後，用了許多「冷戰鬥士」包括國務卿杜勒斯，杜勒斯認為
圍堵政策無效及不道德，美國應積極地抗拒共產主義擴充，甚而
解放共產國家。但韓戰的惡夢（一九五三年七月停火），讓艾森
豪總統沒有派兵支援法國在越南與「越盟」領導人胡志明的軍隊
交戰，最後法國在奠邊府（Dien Bien Phu）軍事失敗（五四年五
月），導致日內瓦停戰協議，以北緯十七度線劃分南北越。

共產主義支持的北越（胡志明）與資本主義的南越吳廷琰對
立（五五年吳廷琰推翻越皇，自任總統），已是往後內戰的導火
線。一九五五年參院通過「東南亞公約組織」（四九年已成立
「北大西洋公約組織」），則是稍後艾森豪參與越南名正言順的藉
口。是年，中共與蘇聯增加胡志明的援助，在越南的「美軍顧問

團」（五一年已在台設立）也積極地協助吳廷琰軍隊的訓練及對抗共黨日益擴大的暴動。冷戰此時似已進入高潮了（五六年赫魯雪夫在莫斯科告知西方大使：「歷史站在我們這一邊，我們終將埋葬你們」。）五七年北越滲透的軍事行動似是開始內戰的前哨。隔年，反對吳廷琰的南越百姓也開始了恐怖分子的攻擊。五九年，北越的武器由「胡志明小徑」運往南越以協助異議分子的暴動（越戰紀念碑在該年刻上第一個美軍的身亡），一九六〇年的「越共」及其「國際解放陣線」（National Liberation Front）這些名詞成為往後家喻戶曉的單字。九月，美駐越南大使杜伯爾（Durbrow）告知國務院，越共可能慢慢會控制到整個鄉村。

甘迺迪初期的參與

一九六一年，甘迺迪執政後，越南軍事衝突擴大，副總統詹森五月從台北到西貢訪問時，稱吳廷琰為「亞洲的邱吉爾」，回國後，提出「要就是協助東南亞國家，否則只好將防禦線退到舊金山」。六月（豬玀灣悲劇事件發生後不久），甘迺迪總統在日內瓦高峰會議時，被經驗老道的赫魯雪夫為了「柏林」問題而遭羞辱。根據《紐約時報》記者芮斯頓回憶，甘迺迪稍後批准國安行動備忘錄五十二號，其中提到「美國目的是防止共產主義在南越的統治」，及年底在越南的軍事顧問人數大增，多少是甘迺迪做給赫魯雪夫看的，表示美國抗拒共產主義擴充的決心，以讓赫魯雪夫在聯合國提到「全世界解放戰爭」（Wars of National Liberation）的夢想失敗（年中，共黨興建了「柏林圍牆」）。十一

月，泰勒（Taylor）將軍建議美軍顧問團職責應該從顧問的角色轉換為軍事作戰（泰勒時為總統軍事顧問，前為諾曼第登陸時101空降師長，韓戰時的第八軍團司令，戰後任遠東戰區總司令，一九五五年任陸軍參謀長，六二到六四年時任聯參會主席，六四到六五年為美駐越大使）。年底，泰勒並建議派三個中隊直升機（共七十五架）以協助南越軍隊的機動。

十二月，國防部長麥納馬拉（McNamara）致電太平洋戰區總司令費爾特（Felt）及美軍駐越南顧問團長麥卡爾（McGarr，為前陸軍指參學院院長）將軍，告知越南的問題在美引起的憂慮，要求與他們在夏威夷會面商討越南政策，會談時他們特別討論到需要多少的兵力才能達到美國援助南越的成效。六二年二月，顧問團擴編為「美軍駐越軍援司令總部」，由霍金斯（Harkins，前為巴頓將軍的副參謀長，西點軍校校長，韓戰時第八軍團參謀長，後為太平洋陸軍副司令）為司令（上年底，麥納馬拉給總統的備忘錄建議他接替麥卡爾〔事實上是泰勒推薦〕，但國安顧問彭岱反對，麥納馬拉以後也認為他不適合此職位），此司令的權限極大，與大使平行，可直接晉見吳廷琰（麥納馬拉寫給國務卿魯斯克提到此點）。霍金斯後來回憶他與大使藍爾汀（Nolting）及費爾特關係良好，他還稱假如藍爾汀不被撤換，越南局勢可會好些，他與後來的洛奇（Lodge）大使，為了吳廷琰政變事件，立場完全不同。總之這年鮑勃迪倫（Dylan）所唱的〈隨風而逝〉（Blowing in the Wind），是往後美國民權運動及反戰活動的代表曲。十月底，「古巴飛彈危機」事後，總統的核心人物覺得他們有能力，智慧處理解決任何危機事件，但這些信心在

往後的越戰中真是隨風而逝。

　　一九六二年，美空軍開始噴灑橘劑（Agent Orange）造成樹林落葉或枯萎以暴露在密林下的越共，年底，麥納馬拉及泰勒（聯參會主席）訪問西貢後，皆稱「戰局大好」，怪不得六三年初總統向國會報告的「國情咨文」中提到：「在越南的侵略舉動已被遲滯了（Blunted）。」二月，陸軍參謀長惠勒（Wheeler）電話告知總統，胡志明對越共犧牲的人數多少不在乎。該年，北越軍隊正式南下北緯十七度線開始了越戰的序幕。

吳廷琰身亡

　　一九六二年八月廿四日，新上任的大使洛奇（一九五二年在麻州競選參議員輸給甘迺迪，一九六○年為共和黨副總統候選人）電報告知總統，越戰在吳廷琰領導之下，不可能獲得最後的勝利，吳廷琰不得人心的政策，其家族的霸道、囂張及政權的墮落，導致許多民眾不滿及示威，許多和尚縱火自焚的鏡頭傳播到世界各地。為了穩固政權，吳廷琰宣布「全國戒嚴令」，他攻擊佛教寺廟，鎮壓佛教徒，連南越駐美大使（其弟吳廷柔太太的父親）也譴責他的政策。

　　此時助卿希斯曼（Hilsman，他在年底發表了「中共門戶開放政策」）給洛奇大使的電報中，提到可能的武裝政變，從總統以下的所有人皆認為此電報太匆促，應深謀遠慮。中情局西貢站長在八月廿八日給局長麥孔（McCone）的電報中也提到政變是不可能避免了。廿九日，國務卿魯斯克（Rusk）給洛奇電報中特

別強調：「若有成功的希望及沒有美軍的參與，美政府會支持政變。」隨後往來的電報皆討論是否保留吳廷琰，只去除他弟弟吳廷柔。八月卅日，魯斯克給洛奇的電報又稱：「美不應該也不能（should and would not）改變政府。」十月，國務院從特別管道密電洛奇：「美不應採取任何主動性，並要維持往後否認的藉口。」

　　九月，甘迺迪回答記者時，再談及越南失敗後在東南亞（泰、寮、柬埔寨、馬來亞）的骨牌效應。十一月一日，吳廷琰在總統府被革命軍包圍，他電話訊問洛奇美國政策如何？大使含混說：「華府現在正是早上四點……。」洛奇擔心他的安危，並提供大使館為他的庇護所。隨後吳廷琰及其弟逃亡時在天主教堂被俘，在回西貢的車上，吳氏昆仲被殺。當甘迺迪看到電報時，他神情嚴肅及沮喪，只輕淡說：「我們多少要負點責任。」世事難預料，三週後，甘迺迪也在達拉斯遇刺（總統預備在德州回來後的週日在白宮召見洛奇討論越南）。吳廷琰被殺後，反而造成往後南越政權不穩，霍金斯早已警告政變會帶來政權騷亂，在六四年泰勒大使一年任期時，他已應對過五個不同的政權。越南不單是軍事的問題，政治上的問題也是越戰失敗原因之一。

　　許多甘迺迪的仰慕者皆說，若他不死，越戰不可能持續，他們主要根據的是國安行動備忘錄二百六十三號（六三年十月），其中提到「不要正式公開宣布年底撤出美軍千人的計畫」（麥納馬拉及泰勒建議，但霍金斯反對），事實上五月時，費爾特認為「若叛軍能被有效地控制，六五年底美軍可撤出」。但按照當時情況，美國似是不可能撤出越南。

　　此時，越戰已讓許多戰地記者懷疑它的真實性，引起了所謂

「可信性」（credibility）的問題，他們對霍金斯及藍爾汀大使的談話已不信任了，認為他們蒙蔽事實，虛假的「敵人死亡數目」（body count）只不過是軍方滿足上級的要求（此為麥納馬拉評估戰役的標準）。最能代表的是《紐約時報》記者賀柏斯丹（Halberstam）所寫：「美大使館簡直是獨裁。」（賀柏斯丹後來寫過許多暢銷書，包括甘迺迪政權參與越戰的《菁英分子》〔*The Best and the Brightest*〕），事實上，連麥納馬拉自己也依靠中情局而非軍方收集的軍事資料。

詹森越戰的提升

　　一九六四年八月，北越炮艇在東京灣附近攻擊美驅逐艦「馬杜克斯」（Maddox），詹森總統要求國會通過決議：「要求總統採取任何手段保護美軍，協助南越擊退侵略者。」此即所謂的「東京灣決議」。此壓倒性的決議（眾院461:0，參院82:2）讓總統能在沒有國會宣戰之下，隨心所欲在數年後出兵高達五十萬人參與越戰。越戰的犧牲不可否認也是詹森總統政治生涯的結束。歷史到現在，人們還是把越戰與詹森劃上等號，許多「假如沒有越戰」的論調，都提到以他在國會的人脈、說服力及他主導通過的許多法案，詹森必是美國傑出總統之一（獲得二〇〇二年國家文學獎卡洛〔Caro〕的書《參議院的主人》（*Master of the Senate*），描述時為參議院多數黨領袖詹森領導通過了歷史上著名的一九五七年民權法案：「他利用他們的自尊心，利用他們的希望，利用他們的憂慮。他用他的故事，用他的詼諧，用他的承

諾，用他的威脅」），但歷史告訴我們，越南在他五年總統任期中，把他攪得焦頭爛額、心身憔悴、坐臥不安，他在一九六八年三月的「不參選總統競選連任，也不接受黨的提名」演講，震撼了全國，更是他生涯結束的句點。

詹森在一九五〇年代參議院民主黨領袖時，即反對美國派兵協助法國在越南作戰（杜勒斯及時為第二任聯參會主席蔣總統的好友雷德福〔Radford〕卻表支持，雷德福在五四年二月給總統的備忘錄中，贊同法軍要求美國武器及軍力的協助）。在甘迺迪被刺接任總統後，尤其是一九六四年總統選舉大贏高德華後，詹森的角色不同，看法也不同了，所謂人在江湖，身不由己。他接任總統第二天後，即告知洛奇大使，他不會丟掉越南，中情局長麥孔也認為詹森與甘迺迪對越南的語調完全不同。詹森覺得在他執政時，他不可能丟掉越南（他記憶猶新，杜魯門與艾奇遜為了「誰丟掉中國」的辯論，導致了執政的無效率），他不可能讓共產黨得逞而讓共產骨牌效應推廣到東南亞，他更記得甘迺迪在就職典禮上提到：「為了自由的生存與成功，我們會付出任何代價，承受任何負擔，忍受任何艱難，支持所有朋友，對抗所有敵人。」此外，根據有些學者認為他日後提升越戰層次多少是想要保護他在國內「大社會」（Great Society）的議程。

但從另一方面來講，在六四年五月，他與參院軍事委員會主席羅素電話談天時談到：「我對越南政策有所保留。」當晚深夜與彭岱交談時，也提到：「這戰真不值得打？但也不知如何撤出。」詹森在退休後心情不平衡的說到：「對提升越戰層次，我做也不是（有人說他好戰，美國是侵略者），不做也不是（有人

說他姑息養奸，讓美國喪失威信）。」他更講了一段哲理的話：「不做事比做某些事還更危險（此「某些事」指轟炸北越）。」總之，他在六月指派魏斯摩蘭（Westmoreland，前為101空降師長，西點軍校校長）到越南接替霍金斯，惠勒接聯參會主席，泰勒為駐越大使，重新振作（蔣總統接見合眾國際社副社長時稱：「泰勒將軍被任命大使，是明確表示你們政府對付東南亞局勢的決心。」）總統在國安計畫備忘錄三一四號特別強調在越南經濟及政治上的重要性。

　　六五年一月，彭岱提到現行越南的軍事政策會注定失敗，美國在越南已到了交叉路口了，稍後又提到美國缺乏毅力、決心、耐力及武力。二月底，越共突襲美軍設備，擊斃了八名官兵，百位受傷。此時國安核心人物（魯斯克、麥納馬拉、彭岱、泰勒、魏斯摩蘭〔六五年《時代雜誌》年度風雲人物〕及惠勒）建議總統轟炸北越，開始了「霹靂計畫」（Operation Rolling Thunder）以防北越支援越共，此轟炸將戰局帶到了另一個層次。

　　事實上，在六五年初，許多重要人物包括副總統韓福瑞，參院多數黨領袖曼斯斐爾（Mansfield，早在六三年西貢訪問後，即反對美政策，他後來在1977-1989年為駐日大使），羅素、及助卿博爾（Ball）均反對美國參與越戰，連泰勒大使也反對魏斯摩蘭增加兵力的要求。但總統還是接受他周圍核心人士的建議，在三月派兩營的陸戰隊進駐大南（Dan Ning）。派兵的政策，一開始是要官兵保護機場，然後戰區司令要求更多的兵力保護前派去的官兵，然後再要求更多的軍隊參與戰事，如四月，魏斯摩蘭要求四萬兵力，在七月，第一步兵師及101空降師已駐防越南了。麥

納馬拉也在七月提出三方案：（一）撤離越南；（二）維持現狀，將來兵力保持七萬五千人；（三）擴充武力到三十萬。此未經國會公開宣戰的越戰，到六五年底已有十八萬兵力，六六年底更有四十萬大軍駐防越南。

六七年，麥納馬拉給總統的備忘錄提到：「若南越不能自救，我們對它的責任也該終止。」他開始與總統政策牴觸，八月，在國會聽證會，麥納馬拉宣稱美軍的轟炸並沒有達到預期的目的，他已經對他早期提供的建議懷疑，他現在認為越戰是不可能贏的戰役（魏斯摩蘭又要求增派二十萬大軍），他開始與總統的政策背道而馳，十一月，隨前許多核心人物如彭岱、博爾等正式辭職（詹森任命他為世銀總裁）。隨後總統任命克利福德（Clifford）接任國防部長，他早在六五年時已告知總統越戰的失敗。

一九六八年，北越的「新年攻擊」改變了一切，最主要的是改變了美國百姓對戰爭的看法，此戰役的結果幾乎癱瘓了美國的社會，此時軍方將領包括魏斯摩蘭在內已不再稱：「隧道前面的光明。」三月，政界及軍事大老如杜魯門時的國務卿艾奇遜，五星上將布萊德雷等建議減少駐越南的軍力。詹森在三月底不競選連任的電視演講，亦提到願意與北越和談及停止轟炸十九度之北的北越（結束了前霹靂轟炸行動）。五月，巴黎和談正式開始，美方派哈里曼（Harriman）為代表。

尼克森越戰的結束

一九六八年總統大選前，尼克森委託陳香梅訪問越南時，尋

問阮文紹有關巴黎和談的看法（尼克森怕詹森選前提出和談結果，有助韓福瑞），尼克森競選及執政時，都提到光榮的和平（peace with honor），想要跨出陷入已久的泥沼中。上任後不到一月，北越採取一連串的攻擊，似是考驗新政府對南越防禦的決心。隨後尼克森祕密轟炸柬埔寨，將越戰帶到了另一領域（柬埔寨的施亞努不敢做聲，北越也不願出聲，因胡志明堅持沒有軍隊及補給品在柬埔寨），此「越戰」轟炸的方案初遭國務卿羅吉斯（Rogers）及國防部長賴德（Laird）反對，但新任大使彭克（Bunker）及戰區司令艾布蘭（Abrams，原魏斯摩蘭的副司令）則贊成。

　　稍後，賴德正式宣布「越南化政策」——加強南越軍隊訓練，改善裝備，提高士氣及美軍的撤出（六七年，詹森任命新大使彭克已強調訓練南越軍隊，讓他們能獨當一面），此時已沒有人提到南越對美國安全的重要性。一九六九年六月，尼克森與阮文紹在中途島聚會，阮文紹對尼克森的撤兵有異議，他認為美國一旦撤兵，其後果不但瓦解士氣，將來這政策是不能挽回的（irreversible）。九月，在胡志明逝世後，尼克森又宣布另三萬五千官兵的撤出。一九七○年二月，季辛吉與黎德壽在巴黎祕密會談，四月底，尼克森告知國民，美地面部隊進攻柬埔寨，引起輿論譁然，一片反對之聲，稍後的「肯特事件」中，國民兵鎮壓肯特大學校園示威打死四人，更讓反戰學潮達到沸騰。

　　一九七一年六月，「五角大廈文件」被《紐約時報》及《華盛頓郵報》基於國家利益而刊登，文件洩密者為前國防部，國務院官員艾斯伯格（Ellsberg），在偷印文件時任職智囊團「蘭德研

究所」（Rand），這些文件包括了美國早期參與越戰的資料，尼克森政府認為登在報紙上的軍事外交資料有妨害國家安全，向法院申訴要求暫停刊，最後聯邦最高法院判定原告敗訴（3:6），此「五角大廈文件」是後人引用新聞自由與國家安全的齟齬的最佳例子。七月，季辛吉祕訪中國，改變了中華民國的命運，十一月，在與周恩來會談時抱怨與北越七次密談的障礙，並強調在停火後美軍的撤離是徹底的，只保留在大使館的武官。在這二十多頁的紀錄中，季辛吉與周恩來無所不談，他們談到蔣介石、周以德、巴頓將軍、聯合國席次、拿破崙、戴高樂、雷根、龍諾土匪、杜勒斯（提到他在五四年日內瓦時拒絕與周恩來握手）及布魯斯（Bruce，後為美駐北京聯絡室辦事處主任）等人。

七二年，美又撤兵五萬，七月，珍芳達訪問河內，居然稱被俘的美空軍飛行員為殺人兇手。在總統大選前，季辛吉說了一句「和平就在眼前」的話，被人誤以為是尼克森為了選舉面採用的花招。七三年一月，停火條約在巴黎簽定（尼克森即刻電告詹森總統），此尼克森講的「光榮的和平」，不曉得光榮在何點？和平在何處？稍後戰俘回來後那種情景，至今讓人還能捕捉到那些感人的鏡頭。每一戰俘都是「勇者素描」（Profile in Courage，甘迺迪總統獲得普立茲獎的書名）的代表。

越戰也間接造成尼克森政治生涯的結束。為了清查越戰資料洩密及揭發政敵的醜隱事，白宮成立「水管工人」（Plumbers）組織，此組織潛入「五角大廈文件」洩密者艾斯柏格的精神醫師住處，偷取他的醫療紀錄，最後居然引發「水門事件」，造成尼克森是美國歷史上第一位辭職下台的總統（七四年八月）。

西貢的淪陷

停火後，南越經濟、政治、軍事似是一切看好，但七四年美國因「水門事件」，政局陷入混亂。福特接任總統後，國會隨即減少美國對越南的軍事及經濟的援助。一九七五年一月，北越開始正式攻擊，三月，阮文紹決定放棄中央高地，後來順化，硯港各城相繼失陷，一路上的難民潮與撤軍的情況，讓西貢及世人恐慌，似是注定了南越的瓦解。此時幾乎每個人都要求阮文紹辭職下台以救南越。四月廿四日，福特總統公開宣稱，「中南半島的戰爭已結束了」，廿五日，阮文紹飛到他哥哥阮文喬當大使的台北避難（正是蔣總統奉厝大典後），廿八日，楊文明總統為了不願西貢毀於戰火而無條件投降，廿九日，季辛吉（因巴黎和談而獲諾貝爾和平獎）在白宮急電馬丁（Martin）大使關於美國撤出西貢的最後指示，卅日西貢時間凌晨，馬丁在大使館屋頂搭乘直升機倉促的離開西貢，後來馬丁說：「我們最後還是溜了（cut it and ran），美國的意志完全崩潰了。」

越戰的教訓

西貢失守後，國務院給國務卿季辛吉及福特總統的備忘錄——越戰的教訓——一開始就提到此一地理、人文、政治、軍事與外交不同美國的越南，越戰最重要的教訓是：（一）誠實與客觀的報導（越戰期間軍方樂觀及不實的報導，而自由派報紙悲觀

及片面的報導）；（二）對百姓重要事務的解釋及清晰說明；（三）軍力不適合在越南的作戰。麥納馬拉在他的回憶錄中也提到美國失敗的原因，包括（一）高估蘇聯與中共對美國的威脅（還談到無法利用到第二次世界大戰時期，美國駐華外交官的三個約翰──戴維斯〔John Davies〕、謝偉思〔John Service〕、範宣德〔John Carter〕──他們對亞洲傑出的判斷力；在麥卡錫時期，他們因「親共」而遭肅清）；（二）錯估越南的政治力量；（三）低估民族主義的影響；（四）忽視越南歷史；（五）錯誤軍事的策略；（六）缺乏國會與百姓的共識；（七）沒有百姓的支持；（八）沒有公開的辯論；（九）無國際社會的支持。雷根總統時的國防部長溫伯格亦提出派兵作戰的五項必要條件：（一）符合國家利益；（二）明確軍事目的；（三）軍力全力以赴；（四）國會及民意支持；（五）軍事行動是最後的方案。這些政策，讓美國軍隊在一九九一年波灣戰爭走出陰影，揚眉吐氣。

　　這越戰中其他的教訓，不知學到多少？往後的戰爭是否會重蹈覆轍？這飽受戰爭摧殘的越南，雖北越贏得全國統一，但代價又如何？這場戰爭真是勞民傷財沒有贏家，大家都是輸家。

11

用語錄來詮釋歷史的
熱戰、冷戰與灰戰

　　浩瀚的歷史都是人們用文字來描述，老祖宗倉頡創作書契，讓後世人略知過去的粗簡歷史，如早期甲骨文發掘後，我們可隱約想像出「殷商」的歷史文化。東漢蔡倫發明造紙後（約西元一百年），歷史的紀錄也就更普遍而且更完善了。自從照相機出現後，從許多的照片中，我們亦可看出那片段靜止的歷史。英文俗語「一圖勝過千言萬語」，只看幾張大屠殺的照片，就可略知納粹在集中營屠殺猶太人的歷史悲劇，從那些普立茲獎得主或你我手中的照片中，我們也可依稀看出一九六○年代美國人權運動及反戰的歷史，最主要的是這些圖片不像文字般的描述——它們忠誠地展現實況而不會藉由文字的修飾而隱瞞事實。二十世紀電影及電視更把歷史活生生地展示在我們眼前，經由連續的鏡頭彷彿讓我們置身於過去複雜的歷史中，把我們對歷史的視野變得更深更廣，甚而告訴我們歷史中許多的轉捩點。這些「歷史呈現在電影的場景」，真是讓我們以「百讀不如一見」的體驗心情來回顧及探討過去的歷史，但不可諱言地，仍有許多虛構及不切實際的鏡頭誤導我們對過去歷史的認知。

　　我們試著用另一角度來詮釋歷史，我們用那一段時期人們的名言慧語來鋪陳往事。這些「語錄」有些是幽默，或是感人；有些詞句非常優美，其他則一針見血，其直如矢，不拘形跡，無拖泥帶水；有些字眼非常嚴肅，有些則是輕盈（light-hearted）或粗魯。畢竟，這些人事景物的描述就是歷史的寫生。我們用此方法來敘述第二次世界大戰的熱戰，相距近半世紀的冷戰，到最近恐怖分子的灰戰，其主要的目的是希望讀者能慢慢欣賞並體會這些文筆辭藻的英文詞句。

熱戰

一九三三年希特勒上台後，他在納粹黨代表大會中，所說「現在的德國將是未來千年的範本，十九世紀的不安時代已經遠離我們了」的狂語，就可看出他的野心。

The German form of life is definitely determined for the next thousand years. The Age of Nerves of the nineteenth century has found its close with us.

希特勒認為納粹人是全世界最優秀的人種，他厭惡猶太人的程度，讓他提到「猶太族的消滅」，此當是人類最黑暗的一面。

The annihilation of the Jewish race in Europe!

一九三八年三月希特勒占領奧地利後，大家已嗅出戰事的煙硝味了，英國首相張伯倫到慕尼黑與希特勒談判（讓步），回來後，對著歡迎他的百姓大聲說：「光榮的和平，我們這一代的和平。」

Peace with honor... peace for our time.

老謀深算的邱吉爾已看出張伯倫綏靖政策的結果：「戰爭還未開始就已失敗了，此後果將會影響我們漫長的一生。」

We have sustained a defeat without a war, the consequences of which will travel far with us along our road.

　　事實上，在張伯倫去慕尼黑之前，邱吉爾已說過：「此讓步成為西方的民主對納粹武力威脅的完全投降。」

The complete surrender of the Western democracies to the Nazi threat of force.

　　次年九月，德國進攻波蘭，正式開啟了第二次世界大戰。戰事初期，德國席捲歐陸，由於英國對德國的轟炸完全無力還手，及英國陸軍的撤退，邱吉爾則感慨地說：「從來沒有一個國家是如此赤裸裸地暴露在敵人面前。」

Never has a nation so naked before its foes.

　　保守黨的邱吉爾在六十六歲被選為首相後，對閣員談話及首次對下議院演講時提到他對國家的貢獻，只有「熱血、辛勞、眼淚及汗水」。

I have nothing to offer but blood, toil, tears and sweat.

　　相對地，他對皇家空軍的勇敢及成效，亦講出：「在歷史的人類衝突中，從來沒有過這麼多的人對那麼些少數的人，有過這麼多的感恩。」

Never in the field of human conflict was so much owed by so many to so few.

　　邱吉爾在議院鏗鏘有力的「戰爭」演講，根據《時代週刊》評論，是本世紀最偉大的四大演講之一，此演講震醒及鼓舞百

姓，他說：「我們要戰到最後；在法國、海上、空中、沙灘、街道、戰爭、丘陵一戰，我們絕不投降。」

We shall go on to the end, we shall fight in France, we shall fight on the seas and oceans, we shall fight with growing confidence and strength in the air, we shall defend our island, whatever the cost may be, we shall fight on the beaches, we shall fight on the landing grounds, we shall fight in the fields and in the streets, we shall fight in the hills; we shall never surrender.

　　邱吉爾的勇敢、毅力、信心及決心帶領了英國度過戰爭初期最艱苦的日子。美國九一一事件後，從布希總統、紐約市長、到媒體都引用邱吉爾不同的語錄來堅定百姓信心及決心，紐約市長朱利安（《時代週刊》二〇〇一年度風雲人物）亦被稱為「廢墟中的邱吉爾」。

　　此時，美國的孤立主義似是沒有受法西斯主義及納粹極權的影響，首次飛越大西洋的美國英雄林白完全反對參與歐戰，甚至說：「我們不可能贏得此戰。」

France has now been defeated. England is losing the war. We cannot win this war for England.

　　羅斯福總統在一九四一年就職典禮時，提到「面對這從未遭遇過的危險，我們的使命就是要保護並延續民主的真締。我們要鼓起美國的精神及信念，絕不會退避，我們不會滿足現況」。

In the face of great perils never before encountered, our strong purpose is to protect and to perpetuate the integrity of democracy. For this we muster the spirit of America, and the faith of America. We do not retreat. We are not content to stand still.

年底珍珠港事件的爆發，卻喚醒了沉睡的美國獅子，羅斯福在國會向日本宣戰的演講時，第一段、第一句就提到此「國恥日」。

A date which will live in infamy.

孤立奮鬥的邱吉爾，由於美國的參戰，已看出「最後勝利的曙光及確認希特勒、墨索里尼及日本失敗的命運」。

Now at this very moment I knew the United States was in the war, up to the neck and in to the death. So we had won after all! Hitler's fate was sealed. Mussolini's fate was sealed. As for the Japanese, they would be ground to powder.

由於美國的參戰，德軍在北非戰場失利，一九四三年德軍亦在史達林格勒投降，開始了往後一連串盟軍的優勢。盟軍第三集團司令巴頓將軍對官兵講的一句話，最能代表他的粗魯及戰爭殘酷的一面：「戰役勝利不是靠你們這些雜種為國捐軀，而是要靠對方的那些畜生去為他們自己的國家犧牲。」

No bastard ever won a war by dying for his country. He won it by making the other dumb bastard die for his country.

　　同時他也提醒官兵們：「不要為目前戰役的成功而沾沾自喜，而不能完成往後輝煌的戰役。」

Do not let your joy in the present victory slacken your efforts to achieve greater game in the glorious battles which are to come.

　　一九四四年六月六日諾曼第登陸前，艾森豪統帥告知官兵們：「你們將從事一項最神聖的任務，世人都注視著你們。所有熱愛自由人們的希望及禱告都與你們在一起。」

Soldiers, airmen and sailors. You are about to embark upon the great crusade toward which we have striven these many months. The eyes of the world are upon you. The hopes and prayers of liberty-loving people everywhere are with you.

　　他對傘兵們的談話，更可看出他對「最後勝利」的信心。

We will accept nothing except full victory.

　　登陸後，盟軍先後光復巴黎，在凸部戰役（Battle of Bulge，美蘇共六十個師）獲勝。羅斯福在一九四五年一月就職演講時，已看出勝利就在眼前，他說：「這是對我們勇氣、毅力、智慧及民主的一項考驗。假如我們能夠成功及光榮的通過此考驗，我們將完成歷史性的重要任務。」

A test of our courage, of our resolve, of our wisdom, of our essential democracy. If we meet the test successfully and honorably we shall perform a service of historic importance.

　　可惜羅斯福無法在生前看到勝利的光芒，歐洲戰役在一九四五年五月他逝世幾個禮拜後才結束。邱吉爾向百姓提到，「這是你們的勝利」，但百姓興奮地尖叫著「不，這是你的勝利」，代表大家對他的感恩。

　　但亞太戰役還如火如荼正在進行中，為了加速擊潰日軍，原子彈的試爆似乎勢在必行了。發展原子彈的「曼哈頓計畫」要角，哈佛大學校長卡濃特（Conant）講了一句哲理的話：「我不希望它會成功，但我們要確定它不會成功。」

I hope that the thing won't work, but we must be sure it won't work.

　　七月十六日，原子彈試爆成功，從計畫主持人奧本海默的談話——「似是正午的幾個太陽」——可看出其威力之大。

several suns at mid-day.

　　諾貝爾獎得主賽格瑞（Segre）以為此爆炸會「導致地球的消失」。

I thought that the explosion might set fire to the atmosphere and thus finish the earth.

　　試爆負責人亦同奧本海默講：「我們現在都是狗娘養的人了。」

We are all sons of bitches.

　　八月，美國分別在廣島和長崎投下了兩顆原子彈，這才總算結束了第二次世界大戰，我們引用飛到廣島 B-52 正副駕駛員的談話就可知戰爭的道德問題及核彈的威力：「在戰役中無道德問題可言；我的老天爺啊，我們到底幹了什麼事？」

There is no morality in warfare; My God, what have we done?

　　美軍的勇敢及機智讓日軍戰敗得心甘情願，日本一海軍官員在戰役後提及「至少，我們對失敗毫無怨言」。

We looked each other, shook our heads, smiled smiles of despair and praise. At least we were satisfied we were defeated.

　　第二次世界大戰是「最偉大的世代」所參與的戰爭，戰後其他的軍事衝突（韓戰、越戰）或多或少都是冷戰的副產品，也沒有引起百姓對戰爭有那種自由與獨裁、生存與死亡的感覺及選擇。但美伊一九九一年海灣之戰，卻是公理與強權之戰，這一百小時就結束的地面攻擊，從時為聯參會主席鮑爾在記者會中談及對伊拉克軍隊的攻擊：「我們切斷它，再宰了它」，就可明顯看出美國對戰役的信心。」

Cut it off and kill it.

冷戰

　　冷戰的正式開始，當推溯到邱吉爾在一九四六年密蘇里州西敏寺學院演講時提到：「整個東歐已籠罩在鐵幕之內，他們所爭

取的是戰爭所得到的利益及共產主義的無限擴充。」

The iron curtain has descended across the continent. What they desire is the fruits of war and the indefinite expansion of their power and doctrine. I am convinced that there is nothing they admire so much as strength and there is nothing for which they have less respect than for military weakness.

　為了防止共產主義擴張，杜魯門總統在一九四七年提出「杜魯門主義」援助希臘及土耳其。稍早前，副卿艾契遜寫給總統的備忘錄，提到「希臘骨牌效應會影響到世界各地」。

Like apples in a barrel infected by the corruption of one rotten one, the corruption of Greece would infect Iran and all to the East, Africa, Italy, France, etc. Not since Rome and Carthage has there been a polarization of power on this earth.

　是年，國務卿馬歇爾在哈佛大學畢業典禮上提到經濟援助歐洲，以促進它的經濟復甦及進步，他說：「我們的政策不是針對任何國家或主義，而是針對那些飢餓、貧窮、絕望及混亂的百姓。」此即所謂的馬歇爾計畫。

Our policy is directed not against any country or doctrine but against hunger, poverty, desperation, and chaos.

　隨後主管國務院政策的肯南（Kennan）正式提出「圍堵政策」（早在一九四六年二月〔時為美駐蘇聯代辦〕給國務院電報時已

提出之政策）。

A long-term patient but firm and vigilant containment of Russian expansive tendencies.

一九四八年的「柏林封鎖」危機，開啟了冷戰後美蘇第一次衝突，六月，史達林封鎖柏林通往德國西部的道路，企圖控制柏林，其二百五十萬居民依賴美國空投物品度過了九個月艱苦的生活，當時柏林的美軍指揮官克萊（Clay）將軍說到：「民主的未來考驗需要我們留在柏林。」

I believe the future of democracy requires us to stay here until forced out. God knows this is not heroic pose because there will be nothing heroic in having to take humiliation without retaliation.

西方堅守柏林的決心，亦可由國務卿馬歇爾一句簡單的話看出：「我們誓言留下。」

We intend to stay.

英國首相麥米倫（MacMillen）在下議院談及此危機，告知：「我們必須面對戰爭的可能性，逃避此一危機的後果反而是終將一戰。」

We must face the risk of war... to shrink from this issue involves not merely the risk but almost certainly of the war.

美國與蘇聯談判過程的困難度，可由艾契遜談之：「我們不

可能談出更好的結果，但是也不可能接受更糟的協定。」

If it had been any better, I wouldn't have got it, and if it had been any worse, I couldn't have swallowed it.

柏林危機於隔年平緩後，卻帶來東西德意識形態的衝突及往後北大西洋公約與華沙公約的軍事對立。一九四九年杜魯門總統在就職典禮時，清楚地用簡易的詞句提出了共產與民主主義的不同。他說：「共產主義靠強人獨裁統治，民主則是依賴百姓的道德、智慧、正義及理性。」

Communism is based on the belief that man is so weak and inadequate that he is unable to govern himself, and therefore requires the rule of strong masters. Democracy is based on the conviction that man has moral and intellectual capacity, as well as the inalienable right, to govern himself with reason and justice. The supreme need of our time is for men to learn to live in peace and harmony.

八月蘇聯核爆成功，將冷戰帶到了另一個新局面。同年中國大陸失守，國務卿艾契遜的聲明及在白皮書的傳遞信中，把「誰丟掉中國」的責任歸咎於「喪失信心的政權及一個沒鬥志的軍隊」。

A regime without faith in itself and an army without morale cannot survive the taste of battle.

一九五○年北韓入侵南韓，杜魯門認為是「共產主義的侵略

及擴充」。

The attack upon Korea makes it plain beyond all doubt that Communism has passed beyond the use of subversion to conquer independent nations and will now use armed invasion and war.

此韓戰更造成資本主義與共產主義的尖銳對立，隨後，因戰役策略不同，麥克阿瑟統帥被總統解職，他回到美國後（一九五一年）受到英雄式的歡迎，他在國會「老兵不死，只是逐漸凋零」的演講更是名垂千古：「我是在本世紀開始之前從軍，這是我童年希望與夢想的實現。自從我在西點軍校的教練場上宣誓以來，這個世界已經過多次變化，我的希望與夢想也早已消逝⋯⋯。」

When I joined the Army even before the turn of the century, it was the fulfillment of my boyish hopes and dreams. The world has turned over many times since I took the oath on the plain at West Point, and the hopes and dreams have long since vanished. But I still remember the refrain of one of the most popular barrack ballads of that day which proclaimed most proudly that "Old soldiers never die; they just fade away." And like the old soldier of the ballad, I now close my military career and just fade away—an old soldier who tried to do his duty as God gave him the light to see that duty.

麥克阿瑟在國會演講的轟動，可用一眾議員以為「上帝在講話」而看出。

We heard God speak here today, God in the flesh, the voice of God.

　　杜魯門，這位享受熱戰的勝利，但卻參與韓戰及早期冷戰的
總統，他在美國的聲望隨時間而升高，他的一介平民個性可由別
人談到他對有關奉承的看法而看出：「他既不會諂媚，亦不會聽
那些恭維的話。」

He neither flattered nor responded to the flattery.

　　他的座右銘更是一針見血：「三件事讓男人沉淪：權力、金
錢、女色。」

Three things ruin a man: power, money and women.

　　人們也常引用他所講「你無法承受壓力，就應離職」。

If you cannot stand the heat, stay out of the kitchen.

　　此時麥卡錫（McCarthy）在參議院操縱國會聽證，以查清謠
傳隱藏在國務院及其他政府機關的共產黨人員，當時的大環境
（蘇聯核爆、毛澤東奪權、韓戰、蘇聯間諜）更是促長此風的原
因，但幾年後，在陸軍聽證會時，被其律師所反駁的一段話「參
議員，難道你一點都沒有正義感嗎？一點都沒有嗎？」而開始他
政治及個人生涯的末路。

Until this moment, Senator, I think I never really gauged your
cruelty or your recklessness. Let us not assassinate this lad further,
Senator. You have done enough. Have you no sense of decency, sir, at
long last? Have you no sense of decency?

　　由冷戰而造成麥卡錫的傲慢及導致人心恐懼事件，是參議院甚而美國政治最黑暗的一刻。

　　一九五二年十一月美國氫彈試爆成功，同月的總統選舉讓共和黨的艾森豪主政，這也開始冷戰的另一高潮，他的許多閣員，包括國務卿杜勒斯（一九五四年《時代週刊》年度風雲人物）是所謂「冷戰鬥士」（在日內瓦會議時，他拒絕與周恩來握手）。當美國發現它在蘇聯的大使館被竊聽時，肯南大使的談話更能代表「敵對及忿怒的濃厚氣氛」。

So dense was the atmosphere of the anger and hostility that one would have cut it with a knife.

　　艾森豪就職演講提到「我們面對此動亂時期，不會恐慌與困惑，只有決心及信心；我們追求和平，但絕不會為和平而妥協」。

Would neither compromise, nor tire, nor ever cease to seek an honorable worldwide peace. United States faces this time of tempest not with dread and confusion, but with confidence and conviction.

　　隨後在一九五三年史達林逝世後，艾森豪在他另外一個和平演講中更強調「那些槍、彈、艦、砲的資源都應該用到解決百姓的飢餓、寒冷」（此演講居然登在蘇聯的《真理報》）。

Every gun that is made, every warship launched, every rocket fired signifies, in the final sense, a theft from those who hunger and are not fed, those who are cold and not clothed.

在公開場合提出和平，但私底下為了偵察蘇聯飛（核）彈的能力及發射地點，艾森豪在一九五四年親自批准U2間諜機計畫，從一九五六到一九六○年期間，U2在蘇聯上空監測結果才確定蘇聯的核彈威脅不如想像中那麼嚴重。一九五六年，赫魯雪夫在共黨十二全會上清算史達林，史達林的惡行可由一記者的描述而看出：「他讓蘇聯歷史成為謊言，蘇聯法律形同虛設，蘇聯制度有如詐欺。」

He branded much of Soviet history a lie, Soviet law a sham, and Soviet theory a fraud.

一九五七年，艾森豪在第二任總統就職上，又提到「自由、和平」。

May the light of freedom, coming to all darkened lands, flame brightly — until at last the darkness is no more. May the turbulence of our age yield to a true time of peace, when men and nations shall share a life that honors the dignity of each, the brotherhood of all.

但赫魯雪夫的修正主義並沒有改善美蘇的關係，一九五六年蘇聯坦克車入侵匈牙利，十一月，他同西方外交官員提到：「歷史是站在我們這一邊的，我們將會整個消滅你們。」

History is on our side. We will bury you.

一九五七年蘇聯試測洲際彈導飛彈，同年發射了第一個人造衛星，得意忘形的赫魯雪夫稱：「美國現正是睡在蘇聯的衛星之

下。」這個事件成為歷史上開啟美蘇兩國太空競賽的里程碑。

The United States now sleeps under a Soviet moon.

一九五八年，蘇聯又開始在柏林找麻煩，它不承認西柏林座落在東德境內的事實，再度想封鎖柏林，赫魯雪夫與參議員韓福瑞提到柏林對他來講，是「如鯁在喉」及「口中的蛀牙，非拔掉不可」。

The bone stuck in my throat had to be disgorged. A rotten tooth had to be extracted.

稍後，他甚至提及「柏林是西方的命根子，我只要輕輕握它一下，西方就會大聲尖叫」。

It is the testicles of the West. When I want the West to scram, I squeeze on Berlin.

蘇聯的霸道讓國務卿杜勒斯逝世前，在病床上（一九五九年）告知他弟弟（中情局長）：「蘇聯想占領的不只是太陽的一角，而是整個宇宙。」

The Soviets sought not a place in the sun, but the sun itself.

杜勒斯逝世後，許多人的頌揚讓前國務卿艾契遜幽默地談到：「我唯一遺憾是不能在任內去世。」

The greatest mistake I made was not to die in office.

一九六〇年，艾森豪親自核准飛往蘇聯的U2偵察，但不幸，U2在執行任務時被蘇聯飛彈擊落，美官方一直佯稱它是太空總署的氣象偵測機，赫魯雪夫隨後宣稱駕駛員還活得好好的，還戲稱中情局長艾倫杜勒斯是個「不盡職的氣象播報員」。

The whole world knows that Allen Dulles is no greater weatherman.

此事件不但導致原本美蘇高峰會議的流產，甚而引發往後甘迺迪與蘇聯一連串的糾紛。艾森豪總統處理此U2事件的過程（無惡意的謊話），是他生涯中（軍人、校長、總統）最低潮，歷史學者用三字可代表他那時的心境：「屈辱、羞愧、困惑。」

Sense of humiliation, shame and confusion.

在他御職前對國民的演講中，再度提到「敵對的意識形態」。

We faced a hostile ideology: global in scope, atheistic in character, ruthless in purpose, and insidious in method.

年輕無經驗的甘迺迪在一九六〇年競選總統時，為了讓選民知道他不是鴿派，而是防禦國防的鷹派，說了許多「美國第一」的詞句……

In defense, America must be first. I don't mean first "if", I don't mean first "when", I don't mean first "but", I mean first, "period".

　　隨後，甘迺迪在就職典禮時氣勢磅礡談到他對冷戰的挑戰：
「我們絕不會因恐懼而談判，但我們也絕不懼怕談判……不要問
國家能為你們做些什麼，要問你們能為國家做些什麼。」

Let us never negotiate out of fear, But let us never fear to
negotiate... And so, my fellow Americans: ask not what your country
can do for you — ask what you can do for your country.

　　更說：「無論其他的國家對我們抱著善意還是敵意，為了自
由的生存與成功，我們會付出任何代價，承受任何負擔，忍受任
何艱難，支持所有朋友，對抗所有敵人。」

Let every nation know, whether it wishes us well or ill, that we
will pay any price, bear any burden, meet any hardship, support any
friend, oppose any foe, to assure the survival and the success of
liberty.

　　不幸的是，上任還未到三個月，甘迺迪就體會到豬玀灣事件
的悲劇，他有感而提到：「許多人會幫助我選上總統，但很少人
會幫助我去做好一個總統。」

Knowing many people who could help him become President but
knew very few people who could help him be President.

　　稍早，古巴政權已完全肉麻式的「傾向蘇聯社會主義」。

It is time to say without fear, without weak knees, without a
trembling voice and with head high that we are marching inexorably

toward socialism in our country.

　　這中情局主導的豬玀灣悲劇事件後，甘迺迪還提到：「勝利者可找到一百個人願意認他為子，失敗者則只有做個孤兒。」

Victory has a hundred fathers, and the defeat is an orphan.

　　四月十二日，蘇聯發射了第一個人造衛星環繞地球。隔月，甘迺迪在國會演講提到：「在這六○年代結束前，我們要讓人登陸月球。」隔年，他到休斯頓鼓舞太空總署同仁時，特別提到：「我們做這些事情，不是因為它做起來容易，而是因它做起來困難。我們願意接受這個挑戰，不會拖延時間，我們更打算贏得此挑戰。」

We choose to go to the moon in this decade, not because they are easy, but because they are hard. The challenge is the one we are willing to accept, one we are unwilling to postpone, and one which we intend to win.

　　太空總署的「水星計畫」、「雙子星計畫」及「阿波羅計畫」的成功，總算讓人們聽到阿姆斯壯登陸月球（一九六九年七月）所講的名言「這是我的一小步，但卻是人類的一大步。」

The Eagle has landed... That's one small step for a man, one giant leap for mankind.

　　太空競爭的勝利，也是冷戰的另一個里程碑，美國科技的領

先，讓蘇聯在七○年代認同「和解」的政策。

一九六一年甘迺迪在維也納與經驗老道的赫魯雪夫高峰會議時臨受屈辱，但甘迺迪不惜一戰，而堅守柏林的決心，可由他幽默地回答赫氏恫嚇中看出：「這將是個很冷的冬天。」

"If the US wants to go to war," Khrushchev said to Kennedy, "that is your business, but you must understand that force will be met with force." Kennedy coolly replied, "It looks like a cold winter."

在此緊張的會議時，老粗的赫魯雪夫還表現出他幽默的一面，在甘迺迪問及「你到底有否承認錯誤過？」時，他回答「我承認所有史達林的錯誤」中可看出。

I admitted all of Stalin's mistakes.

回白宮後，柏林圍牆似是一夜間興建完成。整個秋天，甘迺迪為了柏林危機焦頭爛額，此危機到年底總算平靜了，但次年的古巴飛彈事件，無可置疑是美蘇可能觸發核戰的最大危機。一九六二年十月甘迺迪在電視演講告知國民他的政策：「蘇聯船隊都要在公海上被接受檢查」。他強調此行動：「不是為了強權的勝利，而是公理的辯白，不是為了犧牲自由而追求和平，更是為自由與和平。」

Let no one doubt that this is a difficult and dangerous effort. No one can foresee precisely what course it will take or what costs of casualties will be incurred. But the greatest danger of all would be to do nothing. Our goal is not the victory of might, but the vindication of right — not peace at the expense of freedom, but both peace and freedom.

蘇聯的讓步，總算讓此危機結束了，國務卿魯斯克稱「我們面對面、眼瞪眼地對著，對方眨眼了」。

We were eyeball-to-eyeball, and I think the other fellow just blinked.

事後總統告知他的幕僚：「幸好我們沒有採取他們的軍事方案，要不然將會觸發核戰，以後也就不會有生還者可以告知他們的錯誤。」

If we listen to them, and do what they want us to do, none of us will be alive later to tell them that they were wrong.

一九六三年六月，甘迺迪到柏林訪問，受到上百萬民眾歡迎，演講時，他談到「我是柏林人」，更是對西方最前哨的柏林百姓最好的強心針。

There are some who say that Communism is the wave of the future. Let them come to Berlin. Today, in the word of freedom, the proudest boast is "Ich bin ein Berliner ."

一九六三年八月美蘇簽訂禁核試爆條約，甘迺迪引用儒家之語：「登高必自卑，行遠必自邇」，禁核試爆是為了人類追求和平的第一步。

My fellow Americans, let us take that first step. Let us, if we can, step back from the shadows of war and seek out the way of peace. And if that journey is a thousand miles, or even more, let history record that we, in this land, at this time, took the first step.

同年，赫魯雪夫在聯合國各國領袖前脫鞋敲桌咆哮，似是把背後的冷戰帶到桌面上的口水戰。甘迺迪十一月被殺，甘迺迪的逝世正如同珍珠港事件及九一一悲劇，是美國歷史的分水嶺。被殺前，美國似是天真無邪的國家，被刺後，一連串人權、反戰示威運動及其他的悲劇，讓美國變成個分裂的家庭，分裂的國家。

關於冷戰的「自由」、「正義」詞句，高德華在一九六四年共和黨總統提名時更清楚地分析：「積極地捍衛自由絕非罪惡，消極的追求正義更非美德。」

I would remind you that extremism in the defense of liberty is no vice. And let me remind you also that moderation in the pursuit of justice is no virtue.

此自由、正義字眼一直用到最近的灰戰中，它們是布希總統軍事攻擊阿富汗的最終目的。隨後的詹森是在冷戰中成為唯一沒有與蘇聯領導人聚會的總統。他的越南政策，讓美國深陷泥沼，無法自拔，他在一九六八年對國民演講越戰時，講了一句他「不競選連任」令人意外的話：

I shall not seek, and I will not accept, the nomination of my party for another term as your President.

　　一九六八年對美國來講，是個多難的年代，發生了許多歷史上的悲劇，金恩牧師及羅伯甘迺迪參議員先後被刺殺，蘇聯入侵捷克、越共新年攻擊南越，無庸置疑地，這些事件改變了歷史。越共新年的攻擊戰役最後雖失敗，但它卻促成北越贏得最後的勝利，誰能否認若羅伯甘迺迪不死，他被選上總統後……，正如同兩次普立茲獎得主史萊辛格稱羅伯甘迺迪：「歷史塑造了他，若時間允許，說不定他也會改變歷史。」

History changed him, and had time permitted, he might have changed history.

　　一九六九年尼克森上任後，開始了緩和緊張情勢的低盪政策，與布里茲涅夫簽訂了許多有關核彈的條約。待一九七四年福特總統後，此「低盪」名詞似已經是過去式了，福特受右翼分子的壓力，連此語都不敢從口頭講出。一九七五年五月西貢失守，八月蘇聯簽下「赫爾辛基議定書」，但克里姆林宮頭子連做夢也沒想到，此關於「人權的宣言——思想、良知、宗教、信仰的自由」，居然是它瓦解的開始。

Respect human rights and fundamental freedoms including the freedom of thought, conscience, religion and belief.

　　卡特總統上任後，加強宣導他的人權政策，使美蘇關係無法改善。一九七九年底，蘇聯入侵阿富汗事件，造成冷戰後敵對的最高分貝，此入侵非共產國家已把「布里茲涅夫主義擴大到附庸國之外」。隔年美國抵制莫斯科奧運（一九八四年蘇聯亦拒絕參

加洛杉磯的奧運）。

Correct socialism in countries within the Soviet sphere of influence to those countries not already within its sphere.

往後的波蘭「工運」，雷根講的「魔鬼的帝國」，雷根提出的「星際大戰」，戈巴契夫的「開放」及「改革」政策都是導致冷戰結束的因素。「團結工聯」的華勒斯（Walesa）被《時代週刊》選上為「一九八一年度風雲人物」，《時代週刊》稱他為「世界上自由及人性尊嚴掙扎的代表。」

The courageous little electrician stood out not only as the heart and soul of Poland's battle with a corrupt communist, but as an international symbol of struggle for freedom and dignity.

一九八二年，雷根在英國議院談到：「自由、民主將使馬列主義被棄置於歷史的灰燼之中。」

The march of freedom and democracy will leave Marxism-Leninism on the ash-heap of history.

一九八七年，雷根在布蘭登堡城門前大聲憤怒著喊叫：「戈巴契夫總書記，假如你要追求世界的和平及蘇聯與東歐的繁榮，請來此門看看；戈巴契夫先生，請打開這扇門，請拆掉這座牆。」

General secretary Gorbachev, if you seek peace, if you seek prosperity for the Soviet Union and Eastern Europe, if you seek liberalization, come here to this gate. Mr. Gorbachev, open this gate. Gorbachev, tear down this wall.

二年之後，柏林圍牆總算倒塌了，大家對此圍牆的感受，正如一作者所云：「在這兒曾流過了眼淚，罵過了詛咒，忍受了威脅，流出了鮮血，喪失了生命。」

Tears have been shed there, curses uttered, threats snarled, blood spilled, lives snuffed out.

一九五〇年代，西方國家為防止共產主義擴張所常講的「骨牌效應」，反而可應用到柏林圍牆的倒塌及往後共產主義的崩潰──匈牙利、捷克、羅馬尼亞先後脫離了共產主義的控制，東西德也完成了統一大業。

正如同雷根，戈巴契夫是冷戰結束的關鍵人士，尼克森提名他為《時代週刊》「世紀風雲人物」，此乃「他把他的改造放在他的權力之前」。

He would risk his power in order to save his reforms, rather than risk his reforms to save his power.

一九九一年十二月廿六日，紐約時報用寫訃聞的方式，報導蘇聯的瓦解：「它經過冗長痛苦的沒落，今日逝世了」

She, marked throughout the brief but tumultuous history by great achievement and terrible suffering, died today after a long and painful decline. She was 74 years old.

冷戰總算結束了，沒有任何的遊行慶祝，但大家心裡至少喘了一口氣。自由民主潮流的趨勢是沒有任何事物所能阻擋的。

灰戰

九一一事件，幾乎每人都知道他們在何處聽到此不可想像，不可思議，不可描述的悲劇。世貿二棟先後被飛機撞擊，五角大廈再被劫機撞損，然後兩巨樓相繼坍塌，另一劫機撞擊賓州地面。悲劇後，怵目驚心的世貿中心廢墟，正如同一安全人員所講：「地獄之門，也不過如此。」

I don't know what the gates of hell look like, but it's got to be like this.

英國首相布萊爾在當日稱：「恐怖主義是當今社會的一大罪惡，這些盲從者對神聖的生命絲毫不在乎。」

This mass terrorism is the new evil in our world today. It is perpetrated by fanatics who are utterly indifferent to the sanctity of life.

隨後布希總統在華府大教堂追思典禮上提到：「此衝突的時間及條件操之他人，但卻在我們所選擇的方式及時刻終結。傷感、仇恨只是短暫性的，但仁慈、記憶卻是永恆的。」

This conflict was begun on the timing and terms of others. It will end in a way and at an hour of our choosing. Grief and tragedy and hatred are only for a time, But goodness, remembrance and love have no end.

他接著引用羅馬書：「深信無論是死亡，是生存；是天使，是鬼魔的權勢；是現在的事，是將來的事；是在天上的，是在深處裡的；都不能使我們與上帝的愛分離。」

Neither death nor life nor angels nor principalities, nor powers nor things present nor things to come nor height nor depth can separate us from God's love. May He bless the souls of the departed. May He comfort our own. And may He always guide our country.

總統在世貿中心廢墟上拿著擴音機講話的鏡頭，讓所有人都覺得，就在那時，就在那裡，布希是帶領我們走出黑暗，增進信心，加強決心的領袖。在國會演講時，布希提到：「此衝突的整個過程中，雖然尚不能預料，但其結果則是可以確定。自由與恐懼，公理與殘酷永遠在交戰，但我們確信上帝會在兩者之間有所取捨的。」

The course of the conflict is not known, yet its outcome is certain. Freedom and fear, justice and cruelty have always been at war, and we know that God is not neutral between them.

他跟著說：「我們化傷感為悲憤，化悲憤為決心，我們要將敵人繩之以法，正義終將被伸張。」

Our grief has turned to anger and anger to resolution. Whether we bring our enemies to justice or bring justice to our enemies, justice will be done. Either you are with us, or you are with the terrorists

十月七日美軍對阿富汗採取軍事攻擊時，布希套用邱吉爾所講：「我們不會猶豫、不會疲累、不會洩氣，更不會失敗。」

We will not waver, we will not tire, we will not falter, and we will not fail.

追緝奧薩瑪的決心，可由布希所講「生死不論」而看出。

Wanted: Dead or Alive.

《時代週刊》選朱利安市長為二〇〇一年度風雲人物的理由是：「他對我們比我們對自己還更有信心，在需要的時刻勇敢，適當的時機強悍，溫柔但不浮濫，面對周遭的創痛不眠不休，毫不退縮。」

For having more faith in us than we had in ourselves, for being brave when required and rude where appropriate and tender without being trite, for not sleeping and not quitting and not shrinking from the pain all around him.

此灰戰何時終結，只好待未來的歷史來詮釋了。

12

波灣大戰的人事景物回顧

　　一九九一年二月廿七日，美國東部時間晚上九時，布希總統在電視上對全國人民廣播，宣告聯軍對伊拉克的戰役將於當晚午夜（戰區時間廿八日晨八時）結束。這一百小時內就結束地面攻擊時間之短，以及美軍官兵傷亡之低（一百五十八人死亡），連聯軍總司令史瓦茲柯夫（Schwarzkopf）也始料未及。上年十一月感恩節時，他還面報在戰區訪問的布希總統，大約需要兩個禮拜的地面攻擊，才能將伊拉克驅逐出科威特。耶誕節前夕，參謀首長聯席會主席鮑威爾（Powell）在華府近郊的大衛營告知總統，美軍大約會有三千人死亡、受傷或失蹤。

　　一九六〇年代，美國在越戰慘痛的教訓及卡特總統時期，美特種部隊在伊朗營救人質的軍事行動失敗，直到此次波灣戰爭才讓美國軍隊走出陰影、揚眉吐氣。近年來，記載波灣戰爭的各種刊物不勝枚舉，加上扮演主角的人物也相繼寫了回憶錄。本文根據這些資料簡要描述此役的前因後果，並針對美軍三位將領（鮑威爾、史瓦茲柯夫及第七軍軍長法蘭克）以及他們在此役中扮演的角色加以介紹，以對這一近乎完美的戰役做一省思。

事出意外

　　一九九〇年八月一日早晨，中央情報局分析員從衛星偵測到的照片中，看出伊拉克已準備進攻科威特。其實早在十年前，五角大廈就針對伊拉克的軍事威脅，擬定了防衛科威特及沙烏地阿拉伯的策略。然而在兩伊戰爭期間，美國為了防止伊朗的軍事擴張，提供了伊拉克許多有關伊朗的情報。

　　美、伊兩國關係在一九九○年初開始惡化，哈珊（Hussein）要求美海軍撤出波斯灣，並抗議美空中預警管制系統在伊拉克與土耳其邊境監測。三月中，中情局證實伊拉克在其西邊建立了「飛毛腿」（SCUD）飛彈基地；五、六月間，伊拉克已在臨科威特邊界展開了軍事部署。七月間伊拉克外交部長阿濟茲（Azizi）以強硬的語氣告訴阿拉伯聯盟：「伊拉克不能忍受科威特拒絕與我們談判邊界的糾紛，更不能接受科威特要求我們償還債務及科國大量輸出原油而導致油價降低。」七月廿一日，美國防情報局針對伊拉克可能進攻科威特而發出警戒；但由於阿拉伯聯盟聲稱「咱們阿拉伯人解決自己的事」，是故華府當局對伊拉克入侵科威特的可能性，並不太重視。

　　伊拉克占領科威特兩天後，美國總統在大衛營與幕僚研商因應策略，此即所謂「八人幫」聚會，成員除了總統、副總統之外，還包括國務卿貝克（Baker）、國防部長錢尼（Cheney）、國安會顧問史考克羅（Scowcroft）、助理顧問蓋茲（Gates）、白宮幕僚長蘇努努（Sununu）及鮑威爾，當日討論主要議題即如何嚇阻可能侵略阿拉伯的伊拉克軍隊。史瓦茲柯夫提出動用十萬兵力，需時一個月的防禦方案。八月五日布希回白宮時，便以強硬的語氣告訴記者：「伊拉克的行動不能忍受……。」

　　史瓦茲柯夫於一九五六年自西點軍校畢業，一九七六年到華盛頓州第一軍第九步兵師第一旅當旅長，麾下大約有兩千五百員官兵……一九八八年晉升四星上將任「中央指揮部」總司令。中央指揮部責任區介於歐洲與太平洋司令部中間地區，包括科威特及阿拉伯；在無戰事時，位於佛羅里達州的司令部只有一千多

人；戰時，中央司令部則可向其他司令部「借兵調將」。

史瓦茲柯夫先後兩次在越南服役，使他覺得派兵作戰一定要有明確的政治及軍事目的。即師出有名，套句俗話即「為誰而戰」、「為何而戰」。前國防部長溫伯格（Weinberger）也提到派兵作戰的五項必要條件：（一）符合美國利益；（二）明確軍事目的；（三）軍隊全力以赴；（四）國會及民意支持；（五）軍事行動為迫不得已。

八月六日，錢尼與史瓦茲柯夫到沙烏地徵求法德（Fahd）國王同意美派兵保護其王國。之後陸續有C-141運輸機及二十四架F15C戰鬥機飛到沙烏地；海軍的「艾森豪」及「獨立號」航空母艦已航往紅海及波斯灣；稍後，82空降師的第二旅亦抵達達蘭（Dharan）。到八月中旬陸戰隊一個旅及101空中突襲師的攻擊旅也都部署在沙烏地，但這些象徵性防禦軍力不可能真正阻止伊拉克強大的戰車攻擊能力。一直到九月底，史瓦茲柯夫才鬆口氣，因此時十八軍第二十四機械化步兵師已抵達戰區。

組成聯軍

布希政府曾用盡外交手腕，尋求國際（包括蘇聯）支持與合作，以譴責伊拉克入侵的行動成立包括阿拉伯國家所組成的聯軍，以便在對伊拉克採取武力時，可避免被認為是基督教帝國主義者侵略回教徒的行為。

八月廿八日中央司令部正式移駐位於利雅德的沙烏地國防航空部地下室內；史瓦茲柯夫將部隊調動的重要責任交予後勤司令

巴可尼（Pagonis）少將負責，聯軍原先剛開始估計的十萬官兵，到十月底時已達二十六萬，次年一月更高達五十萬人。要調動這些人員、武器、戰車及後勤輜重到沙漠地區，以及日後陸軍第三軍團五百哩的部署及攻擊等行動，皆有賴於後勤支援之周延。在這項行動中，巴可尼實位居首功，這也難怪他是唯一在戰區中升官（晉升中將）的人。

十月初，戰區參謀本部提出了地面攻擊方案，直接從沙烏地阿拉伯往北攻擊科威特境內的伊拉克軍隊。十月十二日戰區司令部參謀長在白宮對「八人幫」簡報後，大家對空軍的轟炸方案都表示認可，唯對地面攻擊仍有許多疑問。鮑威爾相繼要求聯參官擬定地面攻擊計畫，錢尼也在五角大廈內擬定戰略，他們都採取由西翼向東旋迴包圍瓦解伊拉克的主力共和衛隊（Repubilcan Guard），但是這些方案只能提供戰區司令部參考，最後計畫的大方針則仍是由史瓦茲柯夫決定。

鮑威爾將軍，這位不是由西點出身（一九五八年紐約市立學院預備軍官），在軍職中不曾歷練過師長的四星上將，其政治手腕及軍事領導能力皆超人一等。他也曾在越南服役兩次，一九六八年陸指參學院第二名畢業，一九六九年到喬治華盛頓大學進修商業企管碩士；其政治及軍事的轉捩點當推至一九七二年時被選上白宮會員（Fellow），並到「管理及預算局」當副局長卡路奇（Carlucci）之助理（局長為溫伯格）。一九八三年當國防部長溫伯格的軍事助理，一九八七年在白宮又為國安會顧問卡路奇的助理。鮑威爾自此以後官運亨通，直上青雲，乃得力於這二位長官的臂助。

一九八九年鮑威爾晉升四星上將任「武裝部隊司令部」總司令，不過又只當了四個月後，就榮升聯參首長會議主席。參謀首長聯席會是一九四七年美國國會新設立的軍事幕僚單位，輔助國防部長有關任何軍事上的決策。

一九九〇年十月廿三日，鮑威爾到利雅德與史瓦茲柯夫討論需要多少的兵力才可遂行地面攻擊。十月卅日「八人幫」在白宮討論時，一再強調聯軍合作的重要性，以及如何防止以色列參戰。同時，也討論空軍轟炸的效果是否能迫使伊拉克撤出科威特。當時鮑威爾稱現有的二十五萬兵力不足以成功地採取地面攻勢，要求再增派一個軍的兵力。

十一月八日，美國國會選舉後，總統即正式告知國民，在德國的第七軍及位於堪薩斯州的一步兵師要駐防阿拉伯，此時，第七軍軍長法蘭克（Franks）將軍已正式接到命令，開始準備移防任務。

十一月十四日，戰區中央指揮部的二十多位將領，包括還未到職的法蘭克軍長一起聚會傾聽史瓦茲柯夫所提出的軍事計畫。構想中，空軍的轟炸按前計畫，地面攻勢的整體方案已決定，共區分為三方面：（一）東翼以美軍陸戰隊及阿拉伯聯軍由沙烏地向北直攻科威特；（二）中翼以第七軍為主攻，初期西移二百公里，攻勢發起後，先向北，再東旋包圍並摧毀伊拉克精銳的共和衛隊；（三）第十八軍在西翼；為掩護第七軍側翼，其向西移三百公里以行展開，攻勢發起後，直攻東北，截斷往伊拉克首府的八號公路，以阻斷敵軍之增援及逃逸，此即有如拳擊賽中的「左鉤拳」，總計在整個攻勢計畫中所動用的兵力高達五十萬人之

多。十二月十九日，錢尼及鮑威爾再到利雅德討論軍事行動，他們贊成「左鉤拳」地面攻擊戰略。此時，英國的第一裝甲師（其中一旅，即在北非戰役中對付德國隆美爾元帥而出名的沙漠之鼠）已從原先的美軍陸戰隊防區轉移到第七軍的中戰區，以痛擊伊拉克的共和衛隊。

為了讓作戰更具法理代表性，華府促使聯合國安理會討論伊拉克入侵案，其後安理會的六七八提案（十二票贊成，葉門及古巴兩票反對，中共一票棄權）要求伊拉克必須在一九九一年一月十五日以前無條件撤出科威特。同時，白宮還要求國會支持美軍參戰，於是一月十二日眾議院及參議院先後表決贊成美國對伊拉克採取軍事行動。

哈珊腦內的戰法還是與以前對伊朗之戰一樣——「時間持久、人海戰術、敵軍傷亡」。哈珊至少知道美軍武器的先進，一月初他還召集將領詢問他們是否要撤出科威特以避免與聯軍一戰。但他從戈巴契夫處獲悉布希要與伊拉克做最後的外交談判時，他直覺布希心裡面是沒有勇氣來打這一場仗。在日內瓦談判時，伊拉克外長阿濟茲拒絕接受美國國務卿貝克轉布希給哈珊的信，外交談判的失敗，從他們兩人在記者會中的表現就可看出來，此時每一個人都認為戰爭是絕對不可避免。

迅雷空戰

一月十五日華盛頓時間下午四點十五分（四時為聯合國要求伊拉克撤出科威特的最後期限），鮑威爾已正式傳訊給史瓦茲柯

夫有關由國防部長錢尼所簽署的軍事指令，該項指令將H時訂為戰區十七日凌晨三時；稍後空中加油機、偵察機及巡邏機已在空中執行任務。十六日早上一批B-52轟炸機已從路易斯安那州基地開始其十七小時的持續飛行，並預備發射巡弋飛彈摧毀伊拉克的軍事基地，而另一批B-52轟炸機也從密西根州的基地飛往戰區轟炸伊拉克共和衛隊。

戰區指揮部亦曾對有關部隊下達一段簡短指令：「轟炸敵人政治、軍事、領導及作戰中心；維持空中優勢；斷絕敵方補給線；毀滅敵人化學、生物及核武器生產能力；瓦解共和衛隊；解放科威特。」這明確的指令加上聯軍五十多萬的兵力，每人都深信這場戰爭（沙漠風暴）是必勝的，但大家又憂慮其所付出的代價將是多少？

在H時（凌晨三點），二十四架美國海軍的F-15E也轟炸了伊拉克西邊的「飛毛腿」飛彈基地；特種部隊的直升機也準備好了隨時營救被擊落的飛行員。F-15老鷹戰機飛入伊拉克領空，預備擊落伊拉克起飛的蘇聯製米格及法製幻象戰機。凌晨四時左右，第二波F-117又轟炸巴格達的重要目標，黎明前，第三波F-117則轟炸生化武器中心；稍後路易斯安那州的B-52也來到戰區。正午後，聯軍各式不同的飛機業已分別轟炸不同的目標，當時由潛水艇射出的巡弋飛彈也到了目標區；傍晚時，B-52轟炸了伊拉克的共和衛隊。聯軍這番密集式的轟炸，真是空前，想必也是絕後。

聯軍在空戰的第一天，共出擊近一千架次，效果極佳，命中率高達百分之五十。最重要的是，聯軍只損失五架飛機（諾曼第登陸時，盟軍第一天損失一百二十七架飛機；一九六七年中東之

戰，以色列第一天也損失四十架飛機）。在整個空戰期間，伊拉克唯一的反應，只是漫無目的地發射「飛毛腿」飛彈到以色列及沙烏地。在軍事戰略階層來講，這只像恐怖分子投擲炸彈而已（一月廿五日一枚飛彈落在達蘭附近，造成美軍二十八員死亡，九十八位受傷）。但飛彈政治的威脅極影響民心，聯軍最憂慮的是這些飛彈可能攜帶生化彈頭。同時，布希政府最大的壓力，就是防止以色列受到飛彈刺激而報復伊拉克，如此將會導致聯軍中阿拉伯國家的不滿。因此，美國除了提供愛國者飛彈防禦系統外，在空戰後期主要轟炸的目標就是針對伊拉克飛彈發射台。

空戰持續許久，最主要目的是掩護地面攻擊的準備（第七軍許多武器裝備在一月中才運到），正如鮑威爾在一月廿三日華府記者會上稱：「我們切斷它，再宰了它。」只有幾個人一組的特戰小組，此時亦往敵後（特別是八號公路）偵察敵情，專門針對伊拉克是否知曉第三軍團西移的情報；特種部隊在二月七日亦深入敵後搜尋「飛毛腿」飛彈陣地位置。

空中攻擊開始後，第七軍及第十八空降軍的二十多萬官兵開始西移調整部署。第七軍原本駐防德國，乃是針對蘇聯作戰的主力，相較歐陸與伊拉克沙漠作戰，除了地形不同外，戰略也完全改變，已從守勢轉變為攻勢。故其部隊編組改變許多，其中包括了五個師（兩個裝甲師，一個輕裝甲師，一機械化步兵師及英國的一個裝甲師）、一個裝騎團、一個航空旅、四個砲兵旅、空中防禦系統及其他勤務支援部隊，共有官兵十四萬六千人、一千六百輛戰車、五百輛其他車輛、八百架直升機及二十架偵察機。其補給單位每日需供給三百萬加侖汽油以滿足所有戰車每八小時及

飛機燃油之用。第七軍是歷史上由一人指揮的最大裝甲部隊，其兵力相當於二次大戰巴頓將軍所指揮的第三軍團。

第七軍軍長法蘭克於一九五九年自西點畢業，一九六五年獲得哥倫比亞大學文學碩士，在越南服役時受重傷而在一九七一年裝置義肢；一九七二年進陸軍指參學院深造，一九七八年自國家戰院畢業，一九八二至八四年接任位在德國的第十一裝騎團團長；一九八五年以少將身分任職「指揮參謀學院高級軍事研究所」副所長，一九八八年接任第一裝甲師師長，一九八九年晉升第七軍軍長（三星中將）。波灣戰後，雖遭史瓦茲柯夫反對，但仍獲晉升四星上將並為「訓練與準則司令部」總司令。法蘭克不但是位戰略家，更是帶兵出色的戰將，其人看來非常穩重，個性沉靜，是位可信賴及有見識的將領。

聯軍空戰單方面的勝利，反而讓法蘭克軍長憂慮，深怕哈珊會狗急跳牆而做出困獸之鬥。果真一月廿七日哈珊便親往南方大城巴斯拉（Basrah）指導攻擊計畫，他預備以三個師兵力攻擊沙烏地，此一局部性攻勢主要的戰略目的，將會造成聯軍官兵重大傷亡，並導致民意之強烈反戰。廿八日當晚雙方混戰中，美軍陸戰隊的兩輛車被友軍誤擊摧毀，造成十一人死亡。此時，聯軍強有力的空軍支援轟炸敵後方部隊及補給線，瓦解了伊拉克的野心。

最後勝利

二月五日，錢尼及鮑威爾再度到阿拉伯與戰區指揮部討論地

面攻擊計畫及其時刻表。此時，蘇聯眼見其所援助的伊拉克武力不堪聯軍一擊，便想充當和事佬，要求停戰。伊拉克外長先後在二月十八日及廿一日到莫斯科與戈巴契夫討論，並宣稱伊拉克準備在六個禮拜時間內撤離科威特。布希為了給戈巴契夫面子，便答應伊拉克若在廿三日午前撤出科威特，聯軍即停止攻擊，此僅有一天撤兵的承諾，等於明白告知伊拉克其地面的攻擊乃是不可避免了。

　　C-D（地面攻擊日）定於二月廿四日戰區凌晨四時，最後的勝利乃是必然的，但將領們所憂慮的是聯軍官兵傷亡人數，哈珊可能會使用生化武器，則更是官兵們作戰時的陰影。在H時，由東戰區的陸戰隊及阿盟與西戰區十八軍一部分兵力（81及101空降師）便開始攻擊。原本計畫為主力的第七軍攻擊時間為G+1（廿五日），預計先摧毀二十公里外敵方六個師（延期一天的目的是讓伊拉克認為聯軍攻勢重點在東翼陸戰隊方面），待G+3時，再攻擊百公里後的共和衛隊（三個裝甲師，三個步兵師）。稍早前，在科、伊、沙三國邊界的聯軍第一裝騎師（總司令的預備隊，可支援陸戰隊）已陸續採取小規備隊，可支援陸戰軍事行動，並摧毀敵後方火炮，此聲東擊西戰略的主要目的是讓伊拉克認為聯軍地面攻擊從此階段開始，因敵方空軍完全瓦解，絲毫沒有任何偵察的能力，因此還不知道聯軍二十多萬兵力已西移，並預備包圍其部隊。

　　廿四日早餐後，法蘭克先後聽取情報、作戰及後勤簡報，一切正常，但由於東戰區的陸戰隊攻擊成效比預期好得多，因此早上九點半史瓦茲柯夫便要求第七軍是否能提早發動攻擊。第七軍

決定提前至當日下午三點開始攻擊，進攻時以第二裝騎團為中心。該團左右兩側翼即為重武裝的第一及第三裝甲師。廿四日凌晨六點到十一點，第二裝騎團便已進入伊拉克國境。在戰區中央正面中，部署在中間的第一機械化步兵師則在下午二點半開始攻擊，五個砲兵旅在半小時內共射擊了六千兩百發砲彈，四百二十枚火箭，其他部隊稍後則排除敵人防禦的障礙，共開闢出二十四條戰車通道（每線四公尺寬）讓隨後的英國第一裝甲師跟進攻擊。

　　西翼的第十八空降軍計畫先以101空中突擊師降落敵後一百五十公里處，以建立指揮及後勤中心。同時，第二十四機械化步兵師及第三裝騎團則沿著101師右側直衝第八號公路後，再往東攻擊伊拉克共和衛隊；在101師左邊的81空降師及法國裝甲師則掩護聯軍左側翼，並準備向東支援聯軍。然而事後證明地面攻擊時，第81師及法國部隊並沒有與共和衛隊接戰。

　　第七軍在廿四日下午快速地攻擊，其兩個裝甲師已突進敵後六十公里處（M1，一千五百馬力戰車每小時可行六十五哩），當晚法蘭克做了一項重大決定——攻擊暫停，待明日拂曉再繼續攻擊。第二天，當史瓦茲柯夫看到東區的陸戰隊及西區的第十八軍頗有進展，唯獨中區的第七軍進展太慢而大發脾氣，認為法蘭克沒有勇氣，並說：「我可找到別的將領當第七軍軍長。」（在空戰前夕，史瓦茲柯夫為了不滿意空軍計畫一開始沒有用B-52轟炸共和衛隊，也說要找人替代空軍司令來指揮空戰）事實上，法蘭克一再強調攻擊時，不要停頓，要一股作氣，乘勝追擊，瓦解敵方，但他也認為不必要冒在夜暗中官兵被友軍誤傷的風險。

廿五日早上，第二裝騎團輕易地擊毀敵方一個旅，正午時，右邊的第一裝甲師已抵達到伊拉克彈藥中心；下午法蘭克做了一次最重要的抉擇，決定第七軍改變攻擊方向，向東攻擊伊拉克共和衛隊。廿五日深夜時，空中突擊師已占領八號公路上主要的據點，同時，二十四機械化步兵師則一路進展三百公里而無大阻礙，亦到東邊的八號公路，預備隔日攻占鄰近的機場。

廿六日是地面攻擊的第三天，第二裝騎團正式與共和衛隊交戰。凌晨，從科威特撤出的伊拉克軍隊在通往巴沙拉的路上（八號公路）遭受聯軍轟炸，此即在電視上看到所謂「死亡公路」的「射擊場」；下午，美軍陸戰隊已包圍了科威特機場，以等待阿盟軍隊解放科威特。

廿七日，第七軍已攻擊了兩百五十公里，雖然沿路摧毀敵方不少部隊，但美方亦付出代價，總共有十六位官兵陣亡，六十一位受傷。在華府下午時間，八人幫在白宮討論時，總統詢問鮑威爾本戰役是否可終止，隨後，鮑威爾與史瓦茲柯夫商量後，告知總統：「軍事目的（解放科威特）已達成，明日即可停火。」與會人員馬上想到此五日戰役比一九六七年以阿戰爭六日之戰還提早結束，此時，蘇努努提及若戰事能在午夜前結束，此次戰役的地面攻擊僅持續一百小時。

戰役得失

歷史告訴我們，這次精采的戰役仍然有其缺點；聯軍對伊拉克這一百小時的地面攻擊，如果再多延長一天，歷史說不定就要

重寫了。從中情局在三月一日的偵察照片中，可以看出伊拉克仍擁有戰前一半以上的共和衛隊；再加上史瓦茲柯夫在停火談判時，允許伊拉克直升機飛行，因此，造成戰後哈珊能輕而易舉的征服北部庫德族及南部回教族的抗暴。不過話又說回來，在當時民意上大概也不會支持聯軍濫殺那些撤退的伊拉克軍隊。事實上，「人道主義」及「適可而止」的輿論已在各媒體中出現了。

　　美軍在越戰失敗後改革的政策及各項軍事戰略作為，由此戰役獲得肯定。美軍對戰爭的政治、軍事使命及目的非常明確，同時其軍隊動員能力之強，人員數量及素質之優越、部隊訓練之精與士氣之高，以及指揮官的領導統御，與敵人士氣的低落、飢寒交迫，與受驚於炸彈炮火聲中的情形相比，可說是天壤之別。此外，各種不同的新式武器及裝備，把戰爭帶到一個新的領域。相對地，軍方同時也發現許多項目仍待改進，其中最主要的是，軍方根本沒有一套良好的「戰爭終止」計畫。

13

從九一一事件一窺美國國安局的神祕面紗

　　二○○一年九月十一日，恐怖分子劫機，自殺式撞擊紐約市世貿中心雙塔及華府近郊的五角大廈，造成美國歷史上南北內戰後境內最大的傷亡，以及社會嚴重的災難。此一計畫周密、訓練徹底、執行成功的暴力行動，美國事先完全不知。由此造成的人力損失、士氣打擊、心靈創痛、人心恐慌的後果，更遠超過日本偷襲「珍珠港」，及北韓南下三十八度線入侵南韓事件。

　　這不可想像、難以置信、無可忘懷的悲劇，讓中情局（CIA）及聯邦調查局（FBI）顏面盡失。儘管布希總統親往中情局及聯邦調查局局本部鼓舞士氣，但民眾及評論家仍然質疑此二情治單位掌握情報的能力。十月眾議院情報委員會特別要求此二機關反省，內部組織及人員需要進行「文化革命」（culture revolution），以接受二十一世紀恐怖分子灰戰（Gray War，以別冷戰）的挑戰。

　　官方資料介紹中情局及聯邦調查局的使命（mission）非常簡略：中情局提供正確、周全、即時的涉外國家安全情報（provide accurate, comprehensive, and timely foreign intelligence on national security topics）；聯邦調查局防備美國受國外恐怖分子的活動（protect the United States from foreign terrorist activities）。是故此二情治單位對九一一悲劇事件，無法推卸責任。但從另一角度來講，中情局對國外恐怖分子密探臥底非常困難，同時聯邦調查局對住在國內這些所謂「隱身人」的監視，更無從下手。是故似乎只有參議院情報委員會副主席雪比（Shelby）要求中情局局長譚納（Tenet）辭職，媒體輿論界還沒有對中情局及聯邦調查局有所指責。

對這些無臉（faceless）、無國（nationless）的恐怖分子收集情報，包括監聽他們的通訊，美國國安局（National Security Agency, NSA）是主導單位，應負最大的責任。看看國安局官方使命的第一句即知曉：「了解國外敵人的祕密通訊。」（understand the secret communications of our foreign adversaries）美國國安局是非常神祕（工作人員另一半不知他們做什麼）、非常隱祕（所謂無人地，no-man land）、非常低調，其NSA縮寫有人戲稱No Such Agency（無此機關），或Never Say Anything（絕對不說任何事），民眾對它非常陌生。讀者可能已經相當熟悉出名的中情局及聯邦調查局，我們概略的敘述國安局的歷史，談談它監聽訊息的角色，說說它的貢獻，來揭開它神祕的面紗。

世界最大的監聽單位

杜魯門總統在一九四七年正式成立中情局，同時在他下台之前（一九五二年）核准成立國安局（中華民國政府於二年後也成立國安局，由鄭介民、陳大慶分任正副局長），其官方十幾句的使命除上述「了解敵人通訊」外，還包括「保護國內通訊」（protect our communications）。換句話說，其任務即對外的「解密」和「監聽」，及對內的「加密」和「通訊安全」。為了加強國安局的任務，「中央安全處」（Central Security Service, CSS，各軍種監聽的單位）在一九七二年亦納入，現官方正式頭銜縮寫即NSA/CSS。

國安局隸屬國防部（局長由國防部長提名，總統認可），與

各軍種情報單位及聯邦的情報局密切合作，但與中情局想必有更
深的關係（現任局長亦經中情局局長面試後核准）。局長是三星
中將，任期三年；副局長則為文人。歷年來十五位局長，空軍背
景者占七位，海軍五位，陸軍只有三位，想必監聽大都是「上
空」、「下海」的活動。早期局長職位似是將官們退休前的最後
生涯，但七○年代第六任凱樂（Gayler）及第八任艾倫（Allen）
局長，卸職後晉升四星上將，分別為太平洋戰區總司令及空軍參
謀長。

　　監督國安局業務除了國防部以外，還包括白宮的國安會、司
法部、參眾議院情報小組委員會，及總統親自召集的「情報監督
委員會」（Intelligence Oversight Board）與「國外情報諮詢委員會」
（Foreign Intelligence Advisory Board）。其每年預算列為機密，但
從這幾年公開的二百八十億情報預算（中情局只占百分之十左
右），可知國安局的經費龐大。

　　在一九七○年代，國安局除了想追上中情局在國外間諜活
動，甚至還想超過中情局的分析能力。各情治單位各有自己的地
盤，關係不太融洽，此可由第十一任局長歐頓（Odum）戲稱
「中情局除了會取得總理、首相桌上的備忘錄外，其他什麼都不
會」，而前中情局局長透納（Tumer）則稱，「國安局是個隔離機
關，極難管理」，可以看出。

　　不知是否巧合，現任局長空軍中將何登（Hayden），在一九
九九年離開韓國（時任美軍副參謀長），回國任局長時，正好看
了一部諷刺國安局的電影──《全民公敵》（Enemy of the State，
由威爾史密斯及金哈克曼合演）。將國安局描述成對民眾無所不

為（包括暗殺、威脅及恐嚇）的邪惡機關。何登上任後，為了提
升國安局新的形象，他居然提供許多資料給媒體，是故《華盛頓
郵報》的《週日雜誌》最近有特別報導國安局的文章，及鮑福
（Bamford）出版關於國安局的書《祕密團隊》（Secrets of Body），
其他媒體（包括CNN、ABC、Discovery頻道）最近都有國安局
的簡單報導。

　　坐落於馬里蘭州密德堡（Fort Meade）的國安局（離華府及
巴爾的摩約二十分鐘車程），可由下述統計資料略知其組織龐
大。五十幾棟大樓共有七百萬平方呎的面積（五角大廈只有四百
萬平方呎，世貿中心雙塔共一千萬平方呎）；大約有三萬五千人
（此數字官方保密，但軍方及文職各半）；有自己做晶片六萬平
方呎的工廠，有一段時間，其用的積體電路（IC）占市場一半；
最多的數學家及語言家（每年延攬四十到六十位數學博士）；最
大的印刷廠（六萬六千平方呎，每年印一億六千萬的密碼書）；
每年電費約二千二百萬美元；每年列五千萬到一億文件為機密檔
（某參議員稱，你們不是被活埋在機密文件中？）；儲存幾億的
機密文件（堆起來有五萬呎高）；磁片儲存的檔案共有五千兆頁
（可繞地球十次）；每天處理三十億通電話及電子郵件等。

密碼破解與訊息監聽

　　使用密碼不是最近的事。相傳四千年前埃及已用密碼來代替
人名及頭銜，古希臘的斯巴達（公元前四百年）及凱撒大帝（公
元前一百年），也用密碼傳遞軍事訊息，美國開國元老傑佛遜

（Jefferson，第三位總統）與麥迪遜（Madison，第四任總統）也常用密碼通信。中國的「洪門」、「青幫」，用「黑話」當眾交談，局外人則不知所云，孫中山先生也用密碼傳遞訊息。

美國陸軍於第一次世界大戰中（一九一七年）在陸軍戰爭學院（Army War College）設立了「密碼組」（Cipher Bureau），其最大貢獻是在美國向德國宣戰後的次年，解讀了德國間諜用的密碼（十個字一組的亂碼）。戰後（一九一九年），此「密碼組」遷移到紐約市，由賈德利（Yardley）負責，他的所謂「黑室」（Black Chamber）解讀了二十幾個國家一萬個訊息。海軍在一九二四年也設立了類似的單位。一九二九年國務卿史汀生為了此「黑室」竊聽友國的訊息（他說「正人君子不讀其他人信件」），下令取消此一機構。賈德利一怒之下，在一九三一年出版了《美國黑室》一書（在日本的銷售似是比美國還好），揭發其內幕。這位傲慢、自大、酗酒及梭哈高手的賈德利隨後到中國（1938-1940年），協助「軍統局」戴笠訓練情報人員（最近《詹氏防衛》月刊報導美國國安局培訓國府國安局技術人員，以處理龐大的數據及提升收集情報的能力）。密碼的歷史及此「黑室」的原始資料，現在國安局附近的「美國密碼博物館」展示。

陸軍在一九二九年成立以傅利曼（Friedman）及羅利（Rowlett）等七人組成的「訊號情報服務團」（Signal Intelligence Service），雖經費很少及受美國孤立主義的影響，但此服務團表現尚可，設立了許多包括國外（菲律賓及巴拿馬）的訊息監聽站，同時解讀不少日本的密碼。隨著希特勒的擴張及捷克失守（一九三九年），情報收集及解密更加重要，此機關人員隨之擴

充，工作量大增。珍珠港事件後的中途島之役，美海軍解讀日軍
JN-25密碼通訊，擊退進攻的日本海軍，使太平洋戰役至少縮短
一年。號稱美國密碼之父的傅利曼，現國安局的大廳即以傅之名
作為紀念，同時另一建築物則以羅利為名。

　　一九四三年此情報組織改名為「訊號安全局」（Signal
Security Agency）。歐戰時，英國情報人員解讀納粹「應謎」
（Engima）機器的密碼，讓艾森豪統帥認同密碼、加密、解密的
重要性，也加深他往後當總統時對情報收集的重視。戰爭結束前
夕，該局已有一萬名工作人員，戰後的一九四五年，此一單位改
隸於參謀本部的「陸軍安全局」（Army Security Agency）。冷戰
初期（一九四九年）海、陸、空三軍各密碼情報單位正式納入
「三軍安全局」（Armed Forces Security Agency），第二任局長的陸
軍少將肯尼（Canine），後為一九五二年成立國安局時的第一任
局長（晉升三星中將）。

　　在歐戰結束前，美軍虜獲德方密碼解讀人員及密碼機，特別
是希望知道德國如何解讀蘇聯「魚密器」（Fish Machine）的密
碼，此行動軍方迄今仍列為極機密資料。由戰後美國竊聽蘇聯
KGB訊息來看，此一行動不亞於戰爭結束前，美軍方「請」德國
范伯朗（Von Braun）及其團隊人員來美協助發展火箭的貢獻。

　　一九五〇年初偵察機RB-47（飛行高度約四萬呎），一九五〇
年代末U2（七萬呎）及六〇年代SR-71黑鳥（Blackbird），都裝
置了國安局監聽的設備（一九九七年國安局解密文件中證實）。
一九七〇年國安局能聽到克里姆林宮頭子們的對話。相傳黑鳥飛
到中國大陸監測時，米格21升空攔截，中共飛行員看到其飛行之

快（超音速三倍），爬升之高（九萬呎），而感覺不可思議，束手無策。最近被迫降落在海南島的美國EP-3偵察機，其先進的監聽系統，能掌握在其監測範圍之內的共軍訊息。

一九六○年第一個間諜人造衛星發射成功，國安局也正式利用船隻在海上監測。一九七四年開始攔截蘇聯海底電纜，此「上山」、「下海」竊聽的手段，開啟了監聽訊息的新空間。六○年初國安局在世界已有二千個監聽站，共六千人日夜操作。毛澤東文化大革命時，許多監聽中文的操作人員，都人手一冊《毛語錄》小紅書（現國安局最需要的則是懂阿拉伯文的語言家）。在一九六○年底，單是土耳其伊斯坦堡就有三千位國安局工作人員。

國安局的得失

現任局長何登二○○○年在美利堅大學演講時，特別提到國安局兩個傑出的貢獻。第二次世界大戰後的「溫南計畫」（Venona），竊聽當時及分析過去蘇聯KGB的訊息，而瓦解當時KGB在美國的間諜網：包括揭發了羅森伯（Rosenberg）夫婦駭人聽聞的原子彈間諜案，及參與曼哈坦計畫的英國間諜福克斯（Fuchs）。在一九六二年古巴飛彈危機時，由於國安局的監聽資料，才知幾個飛彈營很快就可操作（U2照片只知飛彈基地的存在），因而促使甘迺迪總統不惜採取核武戰的政策——所有駛往古巴的蘇聯船隊都要在公海上接受檢查。爾後從蘇聯船隊的訊息，國安局亦知蘇聯不會挑戰此一美國的政策。

為了防止敵方知道其訊息被監聽，國安局許多成果仍在保密

中，或僅是輕描淡寫。比方說，千禧年時，因事先掌握情報，而防止了洛杉磯機場被恐怖分子炸彈偷襲；其他包括美方監聽蘇聯擊落韓國民航機事件的來龍去脈，波斯灣戰役監聽情報的正確，中國銷售伊朗飛彈的內幕（鮑福的書有詳細的描述），以及掌握了蘇聯入侵阿富汗的動態。

電腦在第二次世界大戰每秒可讀一千字母，七〇年代每秒三億字，到八〇年代可達十兆個字，是故電腦對解密及資料分析是非常重要的。國安局在此科技方面的貢獻更不在話下，它發展了第二代電腦、半導體及「卡式磁帶」，同時也催生了「超級電子計算機」。

出賣美國有關監視資料的人亦不少，一九六〇年兩位前國安局人員投奔莫斯科；其他最出名的是國安局的比頓（Pelton），他告知KGB美國攔截蘇聯海底纜線的位置，而被判無期徒刑。海軍華克（Walker）父子的間諜案（供給蘇聯國安局準備的密碼書），而讓蘇聯在十年期間解讀了一百萬件美國軍方訊息，造成國安局重大的損失。時任國安局局長的史都曼（Studeman）認為，蘇聯因此掌握了美國海軍的實力，一九六八年，海軍操作的偵察船「普伯洛」（Pudblo）在韓國公海上被北韓劫持，據說蘇聯KGB稱此獲得的設備及解密資料是冷戰中最大收穫之一。

民眾對監聽最大的憂慮是國安局有否濫用權力而違反憲法第四修正條文——政府沒有搜索令（warrant）不可檢查人民或其住、物。前國安局分析員在一九七二年接受《反戰雜誌》（*Rampers*）訪問時（用假名），揭發監聽內幕。一九七五年「水門事件」後，參議院邱奇（Church）委員會調查中情局是否有濫

用職權，違反民眾的隱私權，發現國安局有監聽反戰的珍芳達及黑人民權領袖金恩牧師等人的事實。共幾萬人的檔案資料來源大部分是「辱石」（Shamrock）計畫所取得的（一九七五年局長艾倫正式終止此計畫），此乃戰後西聯及其他電報公司將所有來往電報資料都交給國安局。稍後國會通過了法案，如有監聽需要，須先到特別的法院取得搜索令才能執行。

「應可能」（Echelon）這個由國安局主導的監聽系統，可竊聽人造衛星、微波，甚而光纖的通訊（包括電子郵件、電傳、電話及手機）。現國安局在英國「明威山」（Menwith Hill）操作世界上最大的監聽站（每小時接收三百萬訊息），最近歐盟調查書中，描述此系統收集歐盟及日本的「經濟情報」。此監聽系統要追溯到一九四七年英語系國家（美、英、加、澳及紐）成立了所謂「訊息情報」（SIGUBT）組織。美英官方對此公開的祕密不予置評（澳洲一官員已向英國廣播公司證實），但國安局卻不否認有戴安娜王妃一千多頁的檔案。「應可能」收集龐大的資料，經國安局電腦掃描過濾後（訊息是否與前所輸入的關鍵字相似），再研讀、分類、加密及歸檔。

國安局的未來

冷戰結束已十年了，世局變遷，對過去應付蘇聯一條「大龍」的情報監聽方法，應已改弦易轍，以針對許多「小毒蛇」，包括恐怖分子的複雜集團（此龍蛇為前中情局局長伍爾奚（Woolsey）之語）。在二〇〇〇年初，國安局電腦曾當機三天，完全無法收

集資訊，是故當前國安局優先之務是防止駭客或病毒入侵電腦網路，更進一步干擾敵方資訊網路，此可呼應前國安局長米尼漢（Minihan）所稱的「網路空間」（Cyberspace）大戰。

　　國安局對內整頓、改造此一龐大、老舊、惰性的組織，幾乎是最近幾任局長的政策。如何克服收集複雜情報的瓶頸也是重要之事，最近《新聞週刊》提到資料太多反而是國安局的困擾，如何從上億的資料，尋找到有價值的資料，更是當今必須克服的，此可由前局長麥克爾（McConnell）所講的國安局三個問題看出：「資料處理、處理、處理。」如何做好公關也是很重要的。讓世人知道其形象，而不是單純監聽民眾的動態。

　　九一一事件後，國安局在中情局及聯邦調查局主導之下，是否可迎接此二十一世紀恐怖分子的威脅及挑戰，進而贏得「灰戰」的最後勝利，這正是美國民眾所關心及期望的。

一九八五年

間諜的年代

　　「間諜」號稱是人類有史以來第二古老的職業，是自有人類歷史之後所衍生的產物。人們為自己的國家從事間諜活動即稱為無名英雄，為敵國則稱賣國賊。不顧道德觀念為敵人當間諜的動機不外乎是為了錢財、女色、意識形態、情緒（不滿現實、事業不順、報復）、妥協（遭對方勒索）或自我意識（自滿、比別人道高一尺）。從《聖經》到007的電影，我們都可看出間諜的角色。《孫子兵法‧用間篇》亦依間諜的特性將其歸納為五類：因間（自己人）；內間（敵人官兵）；反間（雙面間諜）；死間（假的情報）；及生間（間諜的情報）。中國的歷史也告訴我們，從春秋戰國時代到中華民國大陸的失守，尤其是戰爭期間（抗戰時軍委會及軍統局及國共內戰時的國防部均有大批臥底的中共間諜），這些間諜的活動往往可決定戰役的勝負，進而導致國破人亡。現今科技發展技術已將收集情報帶到一個新的境面，包括「上山下海」的間諜飛機、間諜船、人造衛星及電子竊聽，但傳統的用「人」為間諜收集情報仍是最直接而且最有效的。

　　一九八五年是冷戰結束的開始，該年三月，戈巴契夫被選為蘇聯共黨總書記，十一月，雷根與戈巴契夫在日內瓦舉行了六年來第一次的美蘇高峰會談。雖然美蘇冷戰的對立已不如早期的尖銳，但不可否認地，一九八五年確實是美國「間諜的年代」（The Year of the Spy），在此年代中許多間諜案，其加起來的影響，甚而個別影響，遠超過一九五〇年代初羅森伯夫婦洩露曼哈坦計畫的核彈祕密。是年，美國發現它在蘇聯的大使館被安裝竊聽器。在英國方面，英國情報局拯救了在莫斯科被召回的KGB雙面（重）間諜。在美國方面，該年有許多早期從事間諜的人被判

刑，或遭逮捕，甚而潛逃，最主要的是此年開始了幾件影響極大
的間諜活動。這一年間諜案件的嚴重性可用許多的「第一個」形
容詞來顯示：第一個聯調局幹員因間諜案被判刑；第一個中情局
特工投奔蘇聯；第一個為友邦國家從事間諜的人被判刑；第一個
中情局退休人員承認他為中國（共）從事間諜而在牢中自殺；第
一次蘇聯KGB人投奔美國，再自願的返回蘇聯；第一次中情局
及聯調局高階人員同時提供情報給蘇聯；第一次居然有三位賣國
賊同時揭發KGB雙面間諜的名字……等等。美中情局、聯調
局、國安局及其他情治人員共有十萬人員，若只有萬分之一極少
部分特工賣國，則單這十位從事間諜的影響就很巨大。

我們概述這年度的間諜案件，特別詳述此世紀最具影響的三
個間諜案，及其相關的人事景物。這三位臥底很久的間諜，包括
中情局的安姆斯（Ames，一九八五年開始，一九九四年被捕），
聯調局的韓森（Hanssen, 1985-2001），及曾任職海軍的華克
（Walker, 1967-1985）。希望我們能從這些回憶中，能學到些教
訓。

判刑的間諜

在此年中，第一個聯調局幹員米勒（Miller）因間諜案而被
審判，大概是審判時，聯調局為了保密而無法將整個監聽程序交
代清楚，是故第一次審判時無結果，往後第三次審判時被判二十
年（一九九四年被釋）。他是典型因錢財及女色而誤入歧途。這
位洛杉磯的幹員，將機密文件交給一對親蘇聯的夫婦，再落到

KGB手中。聯調局幹員一直到十多年後，才再有二位因間諜案而坐牢——皮茲（Pitts，一九八七年從事間諜）在一九九七年被判二十七年及韓森二〇〇二年的無期徒刑。

逮捕的間諜

　　燕京大學畢業的金無怠在一九五二年任職於中情局的「國外廣播情報處」，先為翻譯員後為情報分析員，一九八一年退休。一九八五年十一月遭聯調局逮捕，被指控替中共從事三十多年的間諜，此消息當時轟動全美華人。他曾在香港、北京、多倫多及倫敦交給中共情報人員祕密文件。隔年二月，陪審團定罪，他也在法官面前坦承從事間諜活動，但他強調是為了中美修好的動機（號稱他收了百萬美金，但他只承認收到十五萬），不幸地是在三月法官判刑前，他在維州監牢內用塑膠袋及鞋帶上吊自殺。他被聯調局祕密監視已二年（他前在中情局通過測謊檢測），據說是投奔美國前中共安全部處長俞強聲供出金無怠擔任中共間諜的內幕，總之他是中情局承認幫中共從事間諜的第一位員工。目前中共並沒有公開承認，但據說共黨內部已追認他為「烈士」。

　　稍後的十一月廿一日，聯調局在以色列大使館前逮捕了美籍猶太人波特（Pollard），波特在一九七九年任職海軍情報局（他曾想加入中情局，但未被錄用），在短短十八個月內，他交給了以色列情報人員上千頁的祕密文件，他似是受意識形態而從事不法的間諜活動（他收到了五萬美金），從一九八七年他被判無期徒刑後（他太太同時被判刑五年），以色列政府及在美的猶太人

組織多次要求美政府特赦或轉移他到以色列服刑，例如在一九九八年中東和平談判時，以色列總理納坦雅胡（Natanyahu）要求釋放波特，當時柯林頓總統幾乎答應以色列的請求，所幸中情局局長極力反對，甚以辭職為威脅，在柯林頓下台前，他亦考慮是否要減刑波特。美政府認為他給以色列有關巴基斯坦、伊拉克、敘利亞、利比亞及巴勒斯坦組織的情報事小，最讓美情報單位不諒解的是他洩漏了美在阿拉伯國家的情報資料來源及情報人員聯絡的方式。

十一月底，聯調局逮捕曾在國安局任職長達十四年之久的彭頓（Pelton），彭頓從國安局離職後，在一九八〇年初，親自走到華府蘇聯大使館，提供美國竊聽蘇聯海軍通訊的方法及其祕密位置，這個機密外洩事件造成的影響難以估計，它將美國潛水艇放置在太平洋深海中竊聽蘇聯海軍行動（如指揮步驟，操作，及艦艇位置等）的設備完全暴露，他的被捕是蘇聯KGB特工投奔美國的尤千可（Yurchenko）所提供的線索（見後），聯調局根據此情報後，調出所有前在蘇聯大使館的錄影帶及竊聽的電話錄音，在十月中，國安局才正式確認電話中的聲音是彭頓，次年他被判無期徒刑。

華克家族的間諜案（Family of Spy）是美國歷史上最重要間諜案之一，當時稱為「十年代的間諜案」（Spy of the Decade）。華克在一九八五年五月十九日將一垃圾袋（內有文件）置於馬里蘭州郊區的電話桿下，但開車在幾哩外處卻找不到KGB放的東西（二十萬美金），他安慰自己：「大概是KGB放錯了地方。」待再回電線桿時，垃圾袋卻不見了，他同自己講：「說不定KGB

已拿走了。」沮喪抑鬱回旅館後，凌晨隨即遭到聯調局幹員逮捕。

這位從事間諜長達十八年之久的退休海軍人員，最主要是他提供蘇聯美國海軍解密／加密的最新密碼表及解密機的技術手冊，此間諜案讓KGB認為是冷戰中蘇聯最大的收穫，此乃前一九六八年被北韓劫持的間諜船「樸布羅號」有解密／加密的設備（KW-7），再加上華克的密碼表，能讓蘇聯不但解讀美海軍的通訊，亦可讀到國務院、國防部及國安局的祕密資料。一九九〇年初，美海軍高階人員稱：「他的間諜案讓蘇聯知曉我海軍的能力及易遭攻擊處；戰役還未開始，敵方已知道我們的行動了。」華克對蘇聯貢獻之大，可由KGB授給他榮譽海軍上將得到證明，更不可思議的是，此案還牽連到他的兒子麥克（Michael），他的哥哥亞瑟（Arthur）及他海軍的朋友魏斯（Whitworth）。

一九六七年底，時年三十歲海軍准尉華克，親自到蘇聯大使館告知他願意提供密件（帶了一份KG-47的密碼表），要求每月支付薪水（KGB還未聽說過此按月付酬的方式），他當時在維吉尼亞州的海軍基地諾福克（Norfolk）「通訊中心」工作，接觸所有在大西洋潛水艇的機密訊息，及熟悉各種解密／加密的過程。後來他任職聖地牙哥的「海軍訓練中心」（在那兒認識魏斯），一九七二年他在運輸艦「尼加拉號」（Niagara Falls）擔任訊號官，其職務包括負責供給其他船艦最新的密碼表。

一九七四年魏斯同意收集祕密情報交給華克，魏斯稍後在印度洋狄亞哥加西亞（Diego Garcia）基地及航空母艦「星座號」（Constellation）及「勇往號」（Enterprise）任職，接觸許多機密

文件及最新的密碼表。一九八〇年華克哥哥亞瑟也參與此間諜網，收集祕密文件後交給華克。每當華克從KGB收到現款後，他再轉交給魏斯或亞瑟。一九八三年，他兒子也參與此間諜工作（他曾在航空母艦「美洲號」〔America〕工作，被捕時任職於「尼米茲號」〔Nimitz〕）。

在一九七九或一九八〇年，蘇聯GRV（軍方情報局）的雙面間諜包利可（Polyakov，位階將軍）告知中情局美軍方通訊已被竊聽，但美情治單位無從下手揭出此賣國賊。一九八四年，此間諜網開始有縫隙，魏斯不滿華克的控制，寫了封匿名信給聯調局（稱自己為RUS），聯調局按照他的建議在報紙上廣告欄登了幾次想與他見面的密語廣告，但都失敗。十一月，華克前妻打電話到聯調局告密，聯調局在隔年四月才正式竊聽華克的電話（電話中他提及五月的某週末有事，不能參加他兒媳的畢業典禮及他姑姑的葬禮），四月底，聯調局確認RUS就是魏斯。五月十九日，華克開車到華盛頓環道時，聯調局已有二十部車子跟蹤他，可惜他開到的「收集地方」（Dead Drop）是條小路，是故華克逃避了聯調局汽車及直升機的盯哨。但華克此舉只是想先熟悉地點，待他在旅館吃完晚飯後，再回到此區執行任務。

華克父子在十月承認從事間諜活動，華克被判無期徒刑，麥克判刑二十年（二〇〇〇年二月出獄），亞瑟及魏斯亦被陪審團宣告有罪，亞瑟被判無期徒刑，魏斯則被判三百六十五年。華克間諜案的嚴重性直到一九九四年中情局的安姆斯及二〇〇一年聯調局的韓森被捕後，才稍為被掩蓋些。

投奔蘇聯的間諜

　　霍華（Howard）逃脫聯調局的跟蹤、離開美國投奔蘇聯的事件，似是比任何間諜小說還更不可思議。霍華嗜酒成性，在先前參加「和平團」時吸食過大麻、古柯鹼等毒品，一九八一年加入中情局之前在美國際開發總署工作。一九八三年中情局派他到莫斯科的前夕，因他測謊檢測未通過，而被中情局解雇，他因此懷恨在心，次年秋天與蘇聯特工人員在維也納會面。一九八五年八月由於尤千可提供的線索，聯調局開始二十四小時監視他，但他在中情局學到「躲避監視」的技巧反而派上用場，一九八五年九月廿一日，他在新墨西哥州首府聖大非餐廳出來後，用一假人放在他太太駕駛的前座，然後自己跳下車，先到維也納，隔年在莫斯科現身（蘇聯給他政治庇護）。他是第一個中情局幹員投奔到蘇聯的間諜，他透露出中情局在莫斯科特工及其他情治人員的身分（五位大使館官員被驅逐出境），聯調局監視他的失敗，中情局亦負很大責任——許多他的事中情局都沒有告訴聯調局。

投奔自由的間諜

　　一九八五年九月英國宣布哥德威（Gordievsky）背叛蘇聯的消息，是那時西方國家在間諜戰中所獲得的一大勝利。他在一九六二年加入KGB後，在不同地點（莫斯科、哥本哈根及倫敦）歷經不同職位。一九七四年英國軍情六處（MI-6）吸收他為雙面

間諜，一九八二年他再被派到倫敦後，曾協助戈巴契夫一九八四年第一次到倫敦的訪問（佘契爾總理在此訪問後，還說西方國家可與戈巴契夫談事），一九八五年五月，時為倫敦KGB頭子的他（上校）臨時被召回國諮訊（乃中情局安姆斯的情報），但在KGB還未槍決他前，英國情治人員已在七月將他偷渡送到英國。

他是個典型因意識形態而背棄祖國的人，蘇聯當局後判他死刑，他寫了許多有關KGB的書，同時也證實了許多美國早期從事間諜的人，包括羅斯福時代的希斯（Hiss）及供給蘇聯原子彈祕密的福克斯（Fuchs），葛林格拉斯（Greenglass）及羅森伯夫婦。

尤千可八月一日在羅馬美國大使館投奔自由，他時為KGB上校，馬上晉升將軍，前途生涯看好。他曾任職蘇聯駐美大使館的安全人員及KGB第一處（類似中情局）第五局負責國外間諜活動。在羅馬時，他已揭發中情局的柯爾及國安局的彭頓，亦提到蘇聯懷疑哥德威的事實。到華府時，居然中情局訊問者（debriefer）是剛替蘇聯從事間諜的安姆斯。到十一月二日，他在華府喬治城餐廳吃晚飯時，開玩笑告知中情局年輕無經驗的陪同人：「我要出去走走，若我不回來，可不是你的錯。」然後他直奔蘇聯大使館，隔二日後在大使館記者會中宣稱是中情局用藥物將他綁架到美國，他回到蘇聯後，受到英雄式的歡迎。

他的投奔是真是假，到現在還有人辯論，包括前中情局長蓋茲（Gates）及KGB高階人員都認為他起初的投奔自由是真的（他不但提供二位美國間諜的線索，還告知許多KGB的醜事，包括用雨傘前安裝的毒物而暗殺人）。他因過不慣美國生活，無法

用蘇聯語與人盡情談天，最主要的是中情局安排他到加拿大蒙特利去看他愛慕的總領事太太時，不幸被她在家門口處遭拒絕（九月廿八日在蒙特列讀報時，才知他投奔自由的消息已曝光了，而極為憤怒）。他在中情局的安全屋（safe house）過日實非長久之計，這一切的因素讓他編個理由再回國，KGB亦只好保全臉面，啞巴吃黃蓮，跟著演戲了。但另一方面，有些人認為他的投誠完全是KGB一手主導的，為了保護臥底的重要雙面間諜，他故意犧牲了二位小角色，但這論調完全不合邏輯：聯調局的韓森在十月才正式提供蘇聯情報；中情局的安姆斯雖然四月已交給KGB祕密，但尤千可那時已不負責國外情報，當不知曉安姆斯是何許人也。

當尤千可回到蘇聯大使館時，臥底在內的中情局雙面間諜馬恩夫（Martynov）即刻通知中情局，馬恩夫（一九八○年替中情局工作，揭發五十多位KGB的名字）也陪伴他回莫斯科，不久即遭槍決（安姆斯的出賣）。

間諜活動的開始

一九八五年開始了二件每個人都認為是美國情報史上最嚴重的案件，此二位臥底長久的高階人員間諜活動（中情局間諜九年，聯調局十六年），真是應驗了間諜無孔不入的事實。冷戰雖然結束了，蘇聯雖然瓦解了，但他們仍然為俄羅斯效勞，其動機除了錢財以外，還參與其他複雜的因素。

中情局的安姆斯在一九八五年四月親自走到蘇聯大使館毛遂

自薦要提供情報（他本在「五月花旅館」的酒吧與蘇聯「武器管制」官員蕭文金〔Chuvakin〕見面，但久等不見，幾杯酒下肚後，就走到鄰近的大使館），他在短信中告知他的身分，並揭發三位蘇聯間諜的名字。一個月後，他與蕭氏午餐後，收到五萬現鈔，六月十三日他又提供十多位蘇聯間諜的名字以取信於KGB。

安姆斯任職中情局三十一年之久，曾被派駐土耳其，華府、紐約、墨西哥市及羅馬。在從事九年間諜期間，他提供了一百多個中情局的祕密活動，揭發了美情報人員及如上述提及蘇聯的間諜名字（十一位遭槍決；一本關於他間諜的書名即稱《殺人的間諜》〔Killer Spy〕），他甚而提供了美情報及反情報的技術、方法與活動，他亦是尤千可投奔美時的訊問者，他將尤告知的資料，一字不漏再傳給KGB。中情局往後證實，蘇聯及後來的俄羅斯提供了許多錯誤的情報以迷惑美對他的疑心。

安姆斯終於在一九九四年二月，在住家附近被捕，時為美情治人員位階最高從事間諜的賣國賊（一九九六年，另一中情局前站長及教官小被判刑）。一九六二年，他開始在中情局工作（他父親亦是中情局幹員），一九六七年正式成為幹員，他後來看到仰光中情局站長寫給他父親的評語：「他一無是處，我對他完全沒有信心，我質疑為何總部會派他來此。」這檔案是否引起他對中情局的不滿仍是個謎。他在紐約任職時，曾參與蘇聯駐聯合國副大使投奔自由的事件。一九八一年他被派到墨西哥市後結識哥倫比亞籍的現任太太（他與前妻貌合神離），一九八五年回中情局總部主管蘇聯反情報的活動。

　　安姆斯不像其他間諜，應該是很容易被人懷疑的人物，但他居然臥底長達九年。他傲慢、酗酒、不謹慎（如遺留機密文件在外，帶女友到中情局的安全屋）、有不良的紀錄（未向中情局報備與蘇聯情報人員會面）、生活奢靡及開名貴車子，他對外宣稱是他娘家有錢。中情局早在一九八六年就懷疑局內有「鼬鼠」，此乃從一九八五年後，蘇聯許多雙面間諜突然失蹤了，甚而許多也遭槍決，這些人的身分只有中情局及聯調局正式參與作業的人才知道，但礙於許多因素，中情局沒有特別針對安姆斯進行調查。

　　一九九二年中，中情局調查他銀行的紀錄，發現他二個銀行的存款在一九八五年突然有幾筆大額款項存入，更巧的是這些進帳日期正是他與蘇聯大使館人員會面的隔日，七年下來信用卡的帳單高達五十萬元，信用卡的紀錄也顯示出他到沒有報備的國外旅遊（委內瑞拉），同時銀行資料也看出在委內瑞拉旅遊後有大筆存款匯入他的帳戶。調查人員從他的九十二筆進帳數，曾考慮他是否在幫哥倫比亞毒品集團洗錢，一直到一九九三年春天，中情局才正式懷疑他，此乃俄羅斯傳來的訊息，告知某中情局幹員曾在羅馬與哥倫比亞的波哥大（Bogota）與蘇聯KGB幹員會面（一九八五年他調往羅馬前亦到波哥大遊玩）。

　　一九九三年六月，聯調局正式成立特別小組展開作業，開始分批監視他（共三組，每組男女八人），在他家附近租房子；在他辦公室安裝相機；竊聽他的電話（七月一日聽到他告訴太太：「我現在麻州大道，一切正常，現要回家了。」〔「正常」表示他沒看到前晚他劃在郵筒上的記號，表示對方已拿走他放置的東

西〕）；在他的跑車上裝了信號器；深夜收集他放在屋外的垃圾
（撕破的黃紙條寫的是在十月波哥大的聚會；電腦印表機的磁帶
顯示他一九九二年與莫斯科通訊的紀錄）；甚而到他家搜屋及下
載他電腦硬碟的資料。但由於許多因素，聯調人員始終沒有逮到
（或照到）他做的記號及與蘇聯特工交換物件的證據（聯調人員
錯過他九月九日到「置放物處」及十一月二日在波哥大與KGB
人員會面）。次年二月廿二日，他預備到莫斯科開會（中情局已
延緩過二次，再延怕他會猜疑），聯調局怕他像霍華一樣一去不
返，故在前一日（總統假日）逮捕他及他的太太。往後他被判無
期徒刑（他太太五年），但他自始至終完全沒有悔意。

　　最近破獲的韓森案件是聯調局幹員的第三位間諜，但他也是
臥底最久（一九八五年到二〇〇一年），位階最高負責反間諜領
域的特工，他的間諜故事比007電影還更精采，包括脫衣舞孃、
鑽石、宗教，香港及賓士車的事跡。韓森在一九七六年到聯調局
任職，一九八五年九月從華府總部調到紐約負責電子監聽在該區
的蘇聯間諜，當年十月，他寫信給蘇聯大使館反情報頭子查克斯
（Cherkashin），信中告知他的意願，為了取信蘇聯，他特別揭發
三位蘇聯「雙面間諜」的名字（安姆斯前亦提供出同樣名字），
之後信中亦談到「存取的地方」及雙方「聯絡的方式」（白色膠
帶用平式或直式黏在行人橫越的標識桿上）。該年他供給蘇聯情
報的重要性，可由查克斯在隔年獲得蘇聯最高榮譽——列寧勳章
——看出（查克斯亦負責安姆斯）。事實上他早在一九八〇年紐
約時已揭露包利可的身分（當年包利可雖被召回國，但蘇聯當局
不相信這位將軍會從事間諜，一九八六年他再被安姆斯告發，一

九八八年被槍決），換取二萬美金，但被他太太發現，他隨後去教堂向神父懺悔贖罪（神父叫他將錢捐贈予慈善團體）。

二○○一年二月十八日，他先送他朋友到杜勒斯機場後，再到維吉尼亞州公園隱蔽處放置文件，當場被聯調人員逮捕，人物俱獲。韓森臥底長達十六年之久，根據《紐約時報》報導，聯調員皮茲在一九九六年被捕後告知他懷疑韓森的間諜行為，但韓森仍然通過測謊檢測。事實上，俄羅斯在一九九三年曾向美抱怨聯調局的不正規遊戲（聯調局向他們情報人員從事間諜活動，俄羅斯以為是美所設的陷阱）。稍早前在一九九○年，他的小舅子（亦在FBI工作）已懷疑韓森的舉動，同時告知他的老闆。顯然地，聯調局並沒有充分的證據來證實此懷疑事例。

這位有會計師執照的韓森育有子女六人，先前在芝加哥警局工作，他是個虔誠的主業社團（Opus Dei）天主教徒（這十年來每日望早彌撒），他從事間諜期間拒絕與蘇聯情報人員見面以免暴露身分，與KGB通信時用假名，也無告知他在聯調局工作的真實身分（他信中稱：「我們在這方面都不是小孩，你們對我知道愈少，我就更安全。」）他生活節儉，所獲得六十萬美元，也沒有改善他的日常生活（還是開老爺車），他也獲得KGB所贈予的幾枚鑽石，亦被告知他在莫斯科及瑞士銀行的大筆存款戶頭。

他在一九九一年十二月蘇聯瓦解後，一直到一九九九年十月，近乎八年期間完全沒有與俄羅斯聯絡。在一九九四年安姆斯被捕後，有許多不可解釋的事情，讓聯調局懷疑局內大概有潛伏的間諜。迄到二○○○年底聯調局才開始懷疑韓森，大概是二○○○年十月俄羅斯駐聯合國官員特列季亞科夫（Tretyakov）投奔

自由後，傳給聯調局的線索（美政府極力否認），稍後從投奔美國前KGB及SVR幹員，美國取到許多蘇聯及俄羅斯有關韓森資料的拷貝，包括信件（有許多韓森常用的措詞）、磁碟片及他與KGB情報人員電話的錄音，至此後（感恩節期），聯調局開始全天候跟蹤和盯哨，包括在他家對面買了一棟房子以利監測。最後證實（耶誕節期）他是間諜的關鍵性，是他置放文件的垃圾袋上遺留的手印（此垃圾袋如何運到美國還是個謎？）。翌年一月，在他車內發現許多證物，二月在他電腦中顯示出他最近寫給俄羅斯SVR的信。十二日，聯調局截取在「收集地方」垃圾袋中的五萬美元，及在他Palm筆記本敘述他在十八日活動的記號。

　　單是根據他在聯調局的階位，跨部門的任務（一九九五年到國務院為聯調局的聯絡員）及熟稔電腦程式來看，他所提供蘇聯的情報，包括間諜及反間諜的活動對美國影響自不在話下，聯調局官員稱此案為美國歷史上最嚴重的案件之一，相信往後的歷史會逐一例舉他出賣美國所造成的影響，現已知道的是他出賣蘇聯雙面間諜；他洩漏了新的俄羅斯大使館下面的隧道（副總統錢尼不予置評）；他告訴美核武預警的程序及核戰後美政府相關的布署；他揭發美國如何竊聽蘇聯特工的方法及國安局竊聽蘇聯人造衛星的傳播。根據最新但無證實的報導，他傳給蘇聯美電子竊聽的祕密，已落入奧薩瑪手中，是故美國安局無法掌握這些恐怖分子的訊息。但另一方面來講，韓森的貢獻據說是讓共黨總書記戈巴契夫認為美國核武強大，蘇聯無法趕上，不如重建經濟及政治改革。

　　一九八九年由於韓森的警告，蘇聯情報人員在美國電話告知

時為奧地利美大使館二號人物布洛（Bloch）：「我很擔心你，希望你能多保重自己。」韓森後來寫給蘇聯KGB特工還稱：「我本不太願意保護他，只是他是你們的朋友。」事實上美國已有布洛在巴黎及布魯塞爾與蘇聯特工會面及交換物件的影像，但由於他的警戒，故他在被訊問時一再提及只是交換郵票，國務院在一九九〇年解雇他（無退休金），但聯調局始終沒有足夠的證據起訴他。在一九九〇年代，他落寞地在北卡超集市場擔任幫顧客將食品、物件裝入袋中的工作。

韓森非常欣賞菲利比（Philby）所寫的《我的無聲戰爭》（*My Silent War*），一九三〇年代，菲利比在劍橋讀書時被KGB收買，他長期臥底達三十年之久，一九四九年他被派到華府為英美情報的聯絡員，他後在英國軍情處主管反情報，一九六三年投奔蘇聯。聯調局公布了韓森在二〇〇〇年三月寫給俄羅斯特工的信中提到：「我選擇了這條路是我在十四歲時讀了菲利比書後——多麼荒唐之舉啊。」（菲利比一九六八年出書時，韓森已二十四歲，坊間新聞都引用此不合邏輯的論調——「韓森中學時就已讀過此書」）。

韓森精采的故事還包括為了拯救一位脫衣舞孃，讓她改邪歸正信仰上帝，而花費了不少KGB給他的錢（約八萬美金），一九九〇年夏天，他與華府一位「上空舞夜總會」的凱莉（Galey）開始一段不尋常的友誼，他給她錢叫她裝修牙齒；他給她一部賓士車（190E）及免費加油的信用卡；他告訴她他的幸福婚姻；他帶她到藝術館增廣她的視野；他送她最新的袖珍電腦；她陪他到香港遊玩。他們的關係一直維持到一九九二年復活節，單是這脫

衣舞孃的故事及他對宗教與道德的矛盾（包括他在網路上猥褻及下流的「性聊天」〔sex chat〕），就可讓心理學家分析的沒完沒了。

15

從社會歷史的角色
談奧斯卡獎的老電影

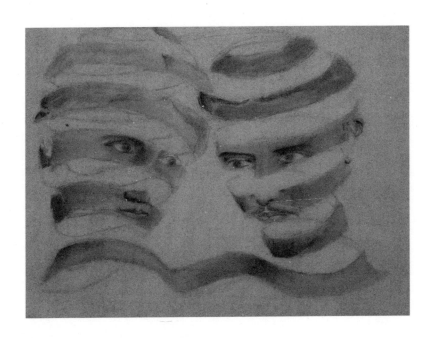

　　電影陪伴了我們度過不知天高地厚青少年的許多愉快及憂慮的日子，從老電影的記憶中，我們連帶地懷念六〇年代流連在西門町的電影街，也想起在台大附近「東南亞」及金山南路「寶宮」戲院所看過的二輪影片，更想起在眷村每月（季）坐在小板凳上看免費的露天老電影。談到西門町總忘不了在看電影前買的零食及附近的「白宮冰果室」與「國際咖啡廳」，也依稀記得電影街幾家「純吃茶」店，在那兒聽貝多芬的古典音樂，與男朋友吹牛談天，與女朋友談電影情節，那種心境到如今還可回味無窮。

　　每年二月美國「電影藝術科學學院」的奧斯卡提名及隔月頒獎典禮是全世界娛樂界的最大盛事。奧斯卡頒獎從第二屆（一九二八）收音機實況轉播，到一九五五年電視轉播後，藉由媒體大肆報導，已讓「奧斯卡」這個名詞幾乎家戶喻曉，無人不知。二〇〇一年（第七十三屆）李安的《臥虎藏龍》獲得十項奧斯卡提名，造成國內電影界的轟動，一連串的報導更是占了各報章雜誌的大幅娛樂版面。奧斯卡這個名字的來源，迄今還不太清楚，當初學院成立後，預備頒獎給對電影貢獻有成就的人，找到當地的雕刻師，設計如今大家都熟悉的塑像。一開始頒獎正式名稱為「學院優秀獎」（Academy Award of Merits）。相傳學院的執行祕書因看了塑像後，覺得「它」很像「她」的叔叔「奧斯卡（Oscar）」，而成了今日「奧斯卡獎」名稱的緣起。一九三三年好萊塢一專欄作家史可斯基（Skolsky）第一次用奧斯卡這稱呼提到凱薩琳赫本獲得的最佳女主角（《豔陽天》〔*Morning Glory*〕）。到第十屆時，主辦單位才正式採用奧斯卡獎。

　　好萊塢大製片廠米高梅（MGM）中的高氏（Goldwyn）曾說

過「電影是娛樂性的，訊息（Messages）則由西聯電報公司（Western Union）用電報來遞送。」但事實上，電影除帶給我們更直接、迅速、甚而震撼的訊息外，還直接或間接地啟發我們，這第八藝術目前已成為社會與文化的展示櫥窗。雖然電影的故事與現實差距甚多，但從電影中我們可看出社會生態的變遷的青少年叛逆（如《養子不教誰之過》〔*Rebel Without a Cause*〕）的青少年叛逆、性的開放（如《慾望街車》〔*A Streetcar Named Desire*〕）、性的抑制（如《天涯何處無芳草》〔*Splendor in the Grass*〕）、人性的善惡（如《辛德勒的名單》〔*Schindler's List*〕）、戰爭的可怕（如《殺戮戰場》〔*The Killing Fields*〕）以及宗教、政治等的寫實。這些電影的故事甚而改變我們對社會的看法。

最近有部電影片名為《改變歷史的轉振點》（*History's Turning Points*），描述從西元前四百年到一九六五年間，有二十部電影代表歷史的主要里程碑。一九九五年出版的一本書《從電影看歷史》（*Past Imperfect: History According to the Movies*），更從六千五百萬年前《侏儸紀公園》（*Jurassic Park*）的恐龍，談到西元七十三年羅馬奴隸反抗羅馬帝國的《萬夫莫敵》（*Spartacus*）、到十四世紀的《聖女貞德》（*Joan of Arc*）、十五世紀的《良相佐國》（*A Man for all Seasons*）、再到美國內戰的《亂世佳人》（*Gone with the Wind*）、十九世紀的《佛洛依德》（*Freud*）、到二十世紀大家都熟悉的歷史，包括《烽火赤燄萬里情》（*Reds*）、第二次世界大戰的《最長的一日》（*The Longest Day*）及《巴頓將軍》（*Patton*）。此書中六十個電影由不同的歷史學者分別介紹其背景及對歷史的價值。網路上也有學者訪問導演史東（Oliver Stone），討論有關

「歷史呈現在電影的場景（History is Portrayed on Films）」。國內也出版一本《看電影、學法律》的書，包括《軍官與魔鬼》（〔*A Few Good Man*〕，一九九二年奧斯卡四項提名〔湯姆克魯斯、傑克尼克遜、黛咪摩兒聯合主演〕）。

　　雖然電影劇情不是歷史的正確翻版，但電影或多或少影響我們對歷史的看法及見解。同樣的，電影明星所扮演的角色及其風格也帶給我們新的思維、新的觀念。誰能否認五〇年代的奧黛麗赫本髮型及六〇年代迷你裙不是電影所帶來的流行時髦。既然歷史是宏觀的、是持續的，談論電影正如看過去歷史一樣，不能只局處一角，以單純的年代來區分，如是我們可按不同電影的分類來看歷史。

　　從摩西引領猶太人過紅海到埃及的《十誡》（*Ten Commandments*，一九五六年奧斯卡七項提名）、到《賓漢》（*Ben-Hur*，一九五九年十二項提名）及《埃及豔后》（*Cleopatra*，一九六三年十項提名），我們可看出宗教對歷史的影響。從描寫戰爭英勇事跡與愛情故事的《亂世佳人》、《現代啟示錄》（*Apocalypse Now*，一九七九年八項提名）、《搶救雷恩大兵》（*Saving Private Ryan*，一九九八年十一項提名）與最近的《珍珠港》（*Pearl Harbor*），我們亦可看出不同歷史時代戰爭對人性的描述。從政治人物的影片包括《良相佐國》（一九六六年八項提名）、《大陰謀》（*All the President's Men*，一九七六年八項提名）、《甘地》（*Gandhi*，一九八二年十一項提名）及《凱撒大帝》（*Julius Caesar*，一九五三年五項提名），我們更可看出電影的故事正是歷史的轉捩點。再從種族人權的電影，如《梅崗城的故事》（*To*

Kill a Mockingbird，一九六二年八項提名）、《烈血大風暴》（*Mississippi Burning*，一九八八年七項提名）及《溫馨接送情》（*Driving Miss Daisy*，一九八九年九項提名），我們可討論過去歷史上種族的歧視及偏見。最後再由歷史故事的電影（如《阿波羅十三》〔*Apollo 13*，一九九五年九項提名〕），更加深我們對浩瀚歷史的認識。

　　從第二次世界大戰轉到冷戰時期的一九五〇年代，不能不談幾部對社會影響較深的電影。一九五一年的《慾望街車》幾乎推翻當時保守社會的道德觀念，它把人類最基本的個性——慾念、情慾及性慾——做極為徹底的描述。此片描寫姊姊探視妹妹時，與妹夫感情的風波，讓演姊姊的費雯麗獲得第二次奧斯卡最佳女主角獎（《亂世佳人》的郝思嘉是她的第一個奧斯卡最佳女主角獎）。她最後因自戀的情慾及自憐的創傷而崩潰進入瘋人院的故事，讓人想到娜坦麗華在《天涯何處無芳草》對華倫比提的純真式柏拉圖愛情（platonic love）亦入瘋人院療養的悲劇。《天涯何處無芳草》片尾結語的一段摘自英國浪漫詩人華茨華斯（William Wordsworth）的詩句更是讓人感傷：「芳草猶綠，青春一去不返，不必懊惱，展望前程似錦。」（Though nothing can bring back the hour of splendor in the grass, of glory in the flower; We will grieve not, rather find Strength in what remains behind.）談到華倫比提，他是唯一兩次被同時提名最佳男主角及導演的影藝人員（一九七八《上錯天堂投錯胎》〔*Heaven Can Wait*〕及一九八一年《烽火赤燄萬里情》獲得奧斯卡最佳導演）。

　　馬龍白蘭度在《慾望街車》中的精湛演技，更讓影評人公認

是他在所有演出影片中表現最好的，包括《岸上風雲》（*On the Waterfront*，一九五四年十二項提名）及《教父》（*Godfather*，一九七二年十一項提名）所獲得的二次最佳男主角。稍早前（1947-1948）他在百老匯中已將此賭棍、好色的角色演得淋漓盡致。馬龍白蘭度是所有演員中唯一連續四年（1951-1954）被提名最佳男主角的人。他在《慾望街車》表現原始自然的性感，是直接導致五〇年代性的開放，及六〇年代性的奔放。稍後（一九五四年）他在《岸上風雲》更是把碼頭工人的角色演得讓人體會到社會的黑暗、勞工階級的差異及人性的善惡。此片在美國電影協會前百片中高居第八名。

談到娜坦麗華，不能不提到她與詹姆士狄恩合演的《養子不教誰之過》（一九五五年三項奧斯卡提名）。這個關於青少年迷惘、叛逆、犯罪的故事、微妙的父子關係、缺乏家庭的溫暖、及大家對希望的憧憬，讓此半世紀前的電影，亦會讓現代青少年觀看後感受甚多。詹姆士狄恩把這放蕩不羈的小太保演得讓他成為當時青少年（包括樂壇超級巨星的貓王）的偶像。在稍早前演的《天倫夢覺》（*East of Eden*），他也把家庭倫理、母子關係的感情表現得無懈可擊。稍後他在《巨人》（*Giant*）中，更把他（僱工）暗戀農場大富（洛赫遜）的太太（伊莉莎白泰勒）及他自己變成油田暴發戶的劇情演的入木三分（片中亦可看出種族的歧視及偏見）。他不幸車禍遽逝的噩耗帶給那時影迷們沉痛的傷感，迄今許多老影迷及他過世時尚未出生的年輕人還對他懷有一份「不可抗拒」的懷念。娜坦麗華一九六一年主演的《西城故事》（*West Side Story*）則是奧斯卡提名中僅次於《鐵達尼號》及《賓漢》獲

獎最多的影片（十項）。

　　電影是大眾傳播的最佳途徑，許多文學名著改拍成電影後，更引起大眾注意及體會其文學的價值。曾獲九度奧斯卡提名的史賓賽屈賽更是把海明威（一九五四年諾貝爾文學獎）《老人與海》（*The Old Man and the Sea*，一九五八年三項提名）中的老漁夫演得栩栩如生。海明威所寫的《戰地春夢》（*A Farewell to Arms*）也二度改拍成電影，共獲五項提名。亨利方達在大導演約翰方達指導下所演的《怒火之花》（*The Grapes of Wrath*，一九四〇年七項提名）則是史坦貝克（Steinbeck，一九六二年諾貝爾文學獎）的名著（書譯為《憤怒的葡萄》獲普立茲獎），描述一九三〇年經濟不景氣時，湯姆一家人因沙害（Dust Bowl）從奧克拉荷馬州到加州受苦受難、失望、憤怒的故事，情節真實，感情動人。史坦貝克另一部電影《天倫夢覺》，書譯為《伊甸園東》，描述家庭倫理，獲一九五五年奧斯卡四項提名，同時亦是詹姆士狄恩的成名片。

　　一九三一年賽珍珠所寫有關中國事情獲得普立茲獎的《大地》（*The Good Earth*），亦在一九三七年拍成電影，獲五項提名。田納西威廉的《慾望街車》（一九四七年普立茲獎）在百老匯上演時已轟動全國，一九五一年拍成電影後（十二項提名）更改變社會的生態。田納西威廉的《朱門巧婦》（*Cat on a Hot Tin Roof*，一九五八年六項提名）中男女主角保羅紐曼及伊莉莎白泰勒亦雙雙獲得奧斯卡提名。同樣地，《亂世忠魂》（*From Here to Eternity*，一九五三年十三項提名）由許多大明星（畢蘭卡斯特、黛博拉寇兒、蒙哥馬利克里福特及法蘭克辛納屈）演出後，

更把小說帶上暢銷、膾炙人口的名著，此片中瘦皮猴贏得最佳男配角，讓他跳出了他生涯中的最低谷。楚門卡波特（Truman Capote）的《第凡內早餐》（*Breakfast at Tiffany's*，一九五八年小說，一九六一年獲五項提名）也讓奧黛麗赫本更出人頭地。

許多電影中的主題曲流傳迄今，甚而更掩蓋了電影的成就。一九三九年《綠野仙蹤》（*The Wizard of Oz*）由茱蒂迦倫所唱的〈Somewhere Over the Rainbow〉及一九四二年《假日旅館》由平克勞斯貝唱的〈White Christmas〉是美國唱片學會在二〇〇一年列舉全世界三百名曲中的前二名。其他不絕於耳、親切動聽的歌曲包括40年代《北非諜影》的〈As Time Goes By〉，五〇年代《羅馬之戀》的〈Three Coins In The Fountain〉、《夏日之地》的〈A Summer Time〉、《生死戀》的〈Love Is A Many-Splendored Thing〉，六〇年代《第凡內早餐》的〈Moon River〉，七〇年代《往日情懷》的〈The Way We Were〉及最近《鐵達尼號》的〈My Heart Will Go On〉。

那時候看電影，不單是欣賞，更是趕時髦，如是輕鬆歡笑詼諧的馬丁、路易、貓王、霍伯電影，緊張刺激的希區考克及詹姆斯龐德的007電影，愛情文藝歌舞劇，氣魄雄渾的戰爭片及深奧不理解的片子都看過了。誰能忘卻《驚魂記》（*Psycho*）珍妮李沐浴時被殺的血景？喬治司各脫演《巴頓將軍》的火爆脾氣？特洛唐納修的幾部肥皂劇（如一九六二年的《花蕊戀春風》〔*Rome Adventure*〕）？談到唐納修，那時候（1960-1963）的他不知風靡了多少小女孩，可惜一九六四年與蘇珊普妮雪特結婚後，突然從影壇消失了。

　　不知是否受懷古之情影響，老是覺得現在電影翻譯的中文片名比早期差太多了。比方說有關「橋」的四個電影中文譯名，總覺得一九四〇年的《魂斷藍橋》（*Waterloo Bridge*，二項提名），比一九五五年的《獨孤里橋之役》（*The Bridges at Toko-Ri*，二項提名），一九五七年《桂河大橋》（*The Bridge on the River Kwai*，八項提名）及最近的《麥迪遜之橋》（*The Bridges of Madison County*，最佳女主角提名），它的中文譯名更能代表全劇的要旨。想想看：《魂斷藍橋》若按今翻譯成《滑鐵盧大橋》，就不能體會出羅勃泰勒及費雯麗在片中纏綿悱惻的感人及傷心畫面，及在跳舞時沉醉在〈Auld Lang Syne〉歌聲中的情境。同樣的道理，《養子不教誰之過》若翻譯成《無理的反叛》則更是不知所云，歌劇《翠堤春曉》（*The Great Waltz*）若被翻成《大華爾滋》更是離譜。*Bonnie and Clyde*（一九六七年十項提名）早期翻成《我倆沒有明天》更是荒謬，後改為《雌雄大盜》仍是不理想。總之現代人好像都忘記林語堂所說的翻譯名言：「意譯、音譯及語譯。」

　　早期翻譯愛情文藝片的中文片名似是詩情畫意，如《金玉盟》（*An Affair to Remember*，一九五七年四項提名）及《生死戀》（*Love is a Many-Splendored Thing*，一九五五年八項提名）；戰爭片名也頗能代表劇中故事及劇情，如《戰地鐘聲》（*For Whom the Bell Tolls*，賈利古伯及英格麗褒曼，九項提名）及《亂世忠魂》（一九五三年十三項提名）；歌舞片更能描述女主角的個性，如《窈窕淑女》（*My Fair Lady*，一九六四年十二項提名）；緊張恐怖懸疑片也是看其名知其意，如《驚魂記》（一九六〇年

四項提名）；喜劇浪漫的《花蕊戀春風》更是詩情畫意。片名譯
自古詞方面，還有白居易的詞《相逢何必曾相識》（*Strangers
When We Meet*），李商隱的詩《春蠶到死絲方盡》，齊白石篆刻的
《春夢了無痕》（*Diamond Head*），以及杜甫的詩《蓬門今始為君
開》（*The Quiet Man*），甚而中國古樂名典《春江花月夜》
（*Fanny*）。但翻譯總是會有瑕疵，如《天涯何處無芳草》的片
名，則完全讓人誤解電影中男主角華倫比提對娜坦麗華的情意。

　　談到懷古，總是覺得老電影百看不厭，歷久彌新。一九九九
年美國電影協會例舉一百經典名片，其中四十年前電影（早於一
九六〇年）占百分之五十三，一九六一到一九八〇年的電影占百
分之三十五，最近二十年電影只占百分之十二。二〇〇一年美國
電影協會選出一百緊張恐怖懸疑片，最近二十年電影只占百分之
二十四。說的也是，最近的電影除了《辛德勒的名單》、《阿甘
正傳》（*Forrest Gump*）及《與狼共舞》（*Dances with Wolves*）
外，好像沒有什麼其他的電影讓人有想一看再看的欲望。

　　前陣子湯姆漢克所演的《西雅圖夜末眠》（*Sleepless in Seattle*）
劇情中，帝國大廈的情景正是一九五七年《金玉盟》的劇情。
《金玉盟》中卡萊葛倫與黛博拉寇兒在船上邂逅的畫面，他在帝
國大廈頂樓等她時所展現絕望的心情，及最後見面的真情，再看
時都會感動不已，難怪幾乎每個影評人都認為此片是典型的愛情
悲劇影片。談到多愁善感「淚汪汪」的電影，戰爭時代悲劇的
《北非諜影》（*Casablanca*，一九四三年八項提名），喜劇悲劇的
《公寓春光》（*Apartment*，一九六〇年十項提名）及種族悲劇的
《春風秋雨》（*Imitation of Life*）等，不論再看幾次都讓人撼動心

弦、賺人熱淚。亨佛萊鮑嘉及英格麗褒曼在《北非諜影》的精湛
演技及故事的悲歡離合，讓此片在各類影評人心目中都是排名前
五名的經典名片。

　　早期電影的製片導演都是大製片廠控制，像我們所熟悉的環
球、華納、二十世紀福斯、米高梅、哥倫比亞及派拉蒙，當時奧
斯卡最佳影片提名獲獎都是這些大製片廠，這些大製片廠旗下有
自己的導演、明星、劇本編寫等，這些演藝員與製片廠簽下長期
合約，受其控制及裝飾，最好的例子則為洛赫遜的假結婚以塑造
形象。但一九三九年最佳影片的《亂世佳人》及一九四〇年《蝴
蝶夢》（*Rebecca*）卻由獨立製片塞茲尼克（Selznick）個人所獲
得，他的影片還包括《戰地春夢》。

　　許多大牌明星及導演都不曾獲得奧斯卡提名（如瑪麗蓮夢
露、亨利方達、勞勃泰勒），卡萊葛倫雖被提名二次但不曾獲
獎，可見連續獲獎是多麼不容易的事，這些連續二年獲獎演技一
流的男主角包括二位：湯姆漢克的《費城》及隔年一九九五的
《阿甘正傳》；史賓賽屈賽一九三七年的《怒海餘生》（*Captains
Courageous*）及次年的《孤兒樂園》（*Boys Town*）；女主角也有
二位，包括凱薩琳赫本（一九六七年《誰來晚餐》〔*Guess Who's
Coming to Dinner*〕及一九六八年《冬之獅》〔*The Lion in Winter*〕）
及早期的露易斯蕾娜（Luise Rainer，一九三六年《歌舞大王齊格
非》〔*The Great Ziegfeld*〕及一九三七年《大地》）。連續三年被提
名的演員包括英格麗褒曼（1943-1945）、傑克尼柯遜（1973-1975）
及珍芳達（1977-1979）。連續四年被提名的導演則包括威廉惠勒
（1939-1942）及伍迪艾倫（1984-1987）。

　　現今的電影好像沒有大牌明星合演，不像早期年代許多電影的重頭戲。一九六一年的《六壯士》（*The Guns of Navarone*，七項提名）由葛雷哥萊畢克、大衛尼文、安東尼昆、史丹利貝克及安東尼奎爾主演。同年的《紐倫堡大審》（*Judgement at Nuremberg*，十一項提名），則由史賓賽屈賽、畢蘭卡斯特及李察威邁合演。一九六二年《最長的一日》（五項提名）則由約翰韋恩、勞勃米契、亨利方達及勞勃雷恩主演。《阿拉伯的勞倫斯》（一九六二年十項提名）則由彼德奧圖、奧馬雪瑞夫、亞瑟甘酒迪、安東尼昆、傑克霍金斯合演。畢蘭卡斯特（四次最佳男主角提名）及寇克道格拉斯（三次男主角提名）共合作演過七部電影。除了友誼之外，名演員在眾多大明星合演的電影之中更能使演技相互輝映。

　　凱薩琳赫本的十二次奧斯卡提名是所有演員中獲得最多提名的（梅莉史翠普的十二次包括二次最佳女配角）。男主角則是傑克尼柯遜的十二次提名包括四次最佳男配角。凱薩琳赫本與史賓賽屈賽在戲外戀愛的故事，似是比任何電影的故事更是精采感人，坊間至少有五本書描述他們的故事，其中一書名正是愛情片《金玉盟》的原文「*An Affair to Remember*」。電影明星的赫本除了凱薩琳外，還有奧黛麗赫本。一九五三年的《羅馬假期》（*Roman Holiday*，十項提名）在大導演威廉惠勒（William Wyle）及葛雷哥萊畢克指引下，讓她演的嬌俏公主贏得了她唯一的奧斯卡最佳女主角。她也演過其他令人難忘的《戰爭與和平》、《窈窕淑女》、《第凡內早餐》、《黃昏之戀》（*Love in the Afternoon*）及《龍鳳配》（*Sabrina*）。奧黛麗赫本的清秀天真、優雅美麗、高貴

氣質，讓她成為我們那個時代的女偶像，有人描述：「她擁有默片時代那種完美的臉蛋，充滿了迷人但不對稱的五官：稍大的鼻子，不整齊的牙齒，小妖精般的耳朵」。大導演比利懷德（Billy Wilder）因她的平胸，曾說過「她讓大胸脯這詞成為過去的歷史」。

　　真是巧合，上述《天倫夢覺》、《慾望街車》、《岸上風雲》、《天涯何處無芳草》等電影，都是大導演伊力卡山（Elia Kazan）的傑出影片。一九五四年的《岸上風雲》及他早期的《君子協定》（Gentleman's Agreement，一九四七年八項提名，包括男主角葛雷哥萊畢克）讓他二次獲得奧斯卡最佳導演。他導演的《生死戀》也讓珍妮佛瓊斯（獲四次提名最佳女主角及一次女配角）和威廉荷頓從相戀的故事間接談到韓戰、共產主義及種族的關係。

　　談到導演，不能不提到比利懷德，他是奧斯卡提名最多次的影藝人員，其二十一項提名包括十二次劇本改編、八次最佳導演、一次最佳影片。其編劇提名僅次於伍迪亞倫的十三次，導演的提名次數則次於威廉惠勒的十二次。比利懷德一九三四年由奧地利到美國時連英文都不會說，他的戲謔幽默是影藝圈內最出名的，前面提到他談到奧黛麗赫本平胸的幽默可與他講瑪麗蓮夢露的大胸脯相比：「她的胸乳像厚實的花崗石，而她的大腦像多孔的瑞士乳酪」。當他聽到某演員心臟病發作時，語帶雙關的說「他連『心』都沒有，如何會心臟病發作？」他導演的電影劇本，全是他改編撰寫的，包括《雙重保險》（Double Indemnity）、《紅樓金粉》（Sunset Boulevard）、《龍鳳配》、《熱情如火》

（*Some Like it Hot*，傑克李蒙、瑪麗蓮夢露、湯尼寇帝斯主演）、
《公寓春光》及《七年之癢》。瑪麗蓮夢露在《七年之癢》中裙子
在地下鐵出風口處被掀起來性感的味道，迄今是電視時常重播的
鏡頭。她性感膽大的作風（早期《花花公子》的裸體月曆）讓那
時期保守人不屑一顧，她的自殺早逝亦如詹姆士狄恩一樣，讓人
永遠記得她年輕美麗性感的畫面。

　　還有一位最近才過世的大導演，史丹利克拉瑪（Stanley
Kramer），他是早期不受大製片廠控制的獨立製片，雖然他從未
得過奧斯卡最佳導演，但他參與過三十五部影片，獲得八十項奧
斯卡提名（十六項得獎），這些成就均可代表他在電影業界的大
師地位。這些影片包括一九五二年的《日正當中》（*High Noon*，
七項提名，賈利古伯贏得最佳男主角）、一九五四年亨佛萊鮑嘉
主演的《凱恩艦事變》（*The Caine Mutiny*，七項提名）、一九五
八年的《逃獄驚魂》（*The Defiant Ones*，九項提名）、一九六一年
《紐倫堡大審》（十一項提名）、一九六七年《遲來晚餐》（十項提
名）及號稱最好的笑劇《瘋狂世界》（*It's a Mad, Mad, Mad, Mad
World*，一九六三年六項提名）。他導演影片的特色是針對包括種
族偏見及寬容、政治的偏執、社會對名利錢財的重視等社會現實
的描述，他製作了馬龍白蘭度第一部影片（一九五〇年《男兒本
色》〔*The Men*〕）及寇克道格拉斯的處女作（一九四九年《拳王》
〔*Champion*〕）。另外他與史賓賽屈賽的友誼讓他幾乎參與史丹利
克拉瑪晚年每一影片的演出。

　　最近不少大明星（如傑克李蒙、葛雷哥萊畢克及凱薩琳赫本）
相繼過世，我們由哀悼葛雷哥萊畢克看到這些名星的性格：卡萊

葛倫及克拉克蓋博處事的圓滑；畢蘭卡斯特及寇克道格拉斯的精明及精力；詹姆士史都華的風趣；卻爾登希斯頓的英姿；葛雷哥萊畢克在芬奇（Finch）的角色中，告訴了我們什麼事是可行的。（芬奇是葛雷哥萊畢克在電影《梅崗城的故事》中飾演的一位追求正義的律師，此角色讓他獲得一九六二年奧斯卡最佳男主角）。

中文片名	英文片名	奧斯卡提名年代	奧斯卡提名項數（獲獎項數）
十誡	The Ten Commandments	1956	7 (1)
大地	The Good Earth	1937	5 (2)
甘地	Gandhi	1982	11 (8)
巨人	Giant	1956	10 (1)
費城	Philadelphia	1993	5 (2)
教父	Godfather	1972	9 (3)
賓漢	Ben Hur	1959	12 (11)
大陰謀	All the President's Men	1976	8 (4)
六壯士	The Guns Of Navarone	1961	7 (1)
冬之獅	The Lion in Winter	1968	7 (3)
生死戀	Love is a Many Splendored Thing	1955	8 (3)
孤雛淚	Oliver	1968	11 (5)
金玉盟	An Affair to Remember	1957	4 (0)
蝴蝶夢	Rebecca	1940	11 (2)
驚魂記	Psycho	1960	4 (0)

龍鳳配	Sabrina	1954	6 (1)
豔陽天	Morning Glory	1933	1 (1)
天倫夢覺	East of Eden	1955	4 (1)
公寓春光	The Apartment	1960	10 (5)
巴頓將軍	Patton	1970	10 (7)
日正當中	High Noon	1952	7 (4)
北非諜影	Casablanca	1943	8 (3)
朱門巧婦	Cat On A Hot Tin Roof	1958	6 (0)
老人與海	The Old Man and the Sea	1958	3 (1)
君子協定	Gentleman's Agreement	1947	8 (3)
良相佐國	A Man for all Seasons	1966	8 (6)
西城故事	West Side Story	1961	11 (10)
佛洛依德	Freud	1962	2 (0)
埃及豔后	Cleopatra	1963	10 (5)
岸上風雲	On the Waterfront	1954	12 (8)
阿甘正傳	Forrest Gump	1995	13 (6)
怒火之花	The Grapes of Wrath	1940	7 (2)
紅樓金粉	Sunset Boulevard	1950	11 (3)
孤兒樂園	Boys Town	1938	5 (2)
怒海餘生	Captains Courageous	1937	4 (1)
春風秋雨	Imitation of Life	1959	1 (0)
夏日之地	Summer Time	1955	2 (0)
桂河大橋	The Bridge On The River Kwai	1957	8 (7)
窈窕淑女	My Fair Lady	1964	12 (8)

逃獄驚魂	The Defiant Ones	1968	9 (2)
殺戮戰場	The Killing Fields	1984	7 (3)
萬夫莫敵	Spartacus	1960	6 (4)
亂世忠魂	From Here to Eternity	1953	13 (8)
亂世佳人	Gone with the Wind	1939	13 (8)
與狼共舞	Dances with Wolves	1990	12 (7)
翠堤春曉	The Great Waltz	1938	3 (1)
凱撒大帝	Julius Caesar	1953	5 (1)
聖女貞德	Joan of Arc	1948	7 (3)
瘋狂世界	It's a Mad, Mad, Mad, Mad World	1963	6 (1)
魂斷藍橋	Waterloo Bridge	1940	2 (0)
慾望街車	A Streetcar Named Desire	1951	12 (4)
誰來晚餐	Guess Who's Coming to Dinner	1967	10 (2)
熱情如火	Some Like It Hot	1959	6 (1)
綠野仙蹤	The Wizard of Oz	1939	6 (2)
羅馬之戀	Three Coins In The Fountain	1954	3 (2)
羅馬假期	Roman Holiday	1953	10 (3)
戰地春夢	A Farewell to Arms	1957	1 (0)
戰地鐘聲	For Whom The Bell Tolls	1943	9 (1)
雙重保險	Double Indemnity	1944	7 (0)
鐵達尼號	Titanic	1997	14 (11)
阿波羅十三	Apollo 13	1995	9 (2)
侏儸紀公園	Jurassic Park	1993	3 (3)
軍官與魔鬼	A Few Good Man	1992	4 (0)

春江花月夜	*Fanny*	1961	5 (0)
麥迪遜之橋	*The Bridges of Madison County*	1995	1 (0)
現代啓示錄	*Apocalypse Now*	1979	8 (2)
烈血大風暴	*Mississippi Burning*	1988	7 (1)
紐倫堡大審	*Judgment at Nuremberg*	1961	11 (2)
最長的一日	*The Longest Day*	1962	5 (2)
凱恩艦事變	*The Caine Mutiny*	1954	7 (0)
第凡內早餐	*Breakfast at Tiffany's*	1961	5 (2)
溫馨接送情	*Driving Miss Daisy*	1989	9 (4)
戰爭與和平	*War and Peace*	1968	2 (1)
西雅圖夜未眠	*Sleepless in Seattle*	1993	2 (0)
辛德勒的名單	*Schindler's List*	1993	12 (7)
我倆沒有明天	*Bonnie and Clyde*	1967	10 (2)
梅崗城的故事	*To Kill a Mockingbird*	1962	8 (3)
搶救雷恩大兵	*Saving Private Ryan*	1998	11 (5)
獨孤里橋之役	*The Bridges at Toko-Ri*	1955	2 (1)
上錯天堂投錯胎	*Heaven Can Wait*	1978	9 (1)
天涯何處無芳草	*Splendor In The Grass*	1961	2 (1)
阿拉伯的勞倫斯	*Lawrence of Arabia*	1962	10 (7)
烽火赤燄萬里情	*Reds*	1981	12 (3)
歌舞大王齊格非	*The Great Ziegfeld*	1936	7 (3)
養子不教誰之過	*Rebel Without a Cause*	1955	3 (0)

聯邦最高法院與大法官

影響歷史的幾個重大案件

　　美國二○○○年總統大選後，佛羅里達州「重新計票」（recount）及「人工驗票」（manual check）的事件，讓選舉結果難分難解，折騰了近五個禮拜。副總統高爾與布希州長為了誰能爭取佛州二十五張「選舉人票」而入主白宮，在佛州及聯邦最高法院打官司的事件真是史無前例，想必也是絕後。少數學者認為從選舉日（十一月七日）到感恩節時（十一月廿三日），選舉結果仍然延宕未決，曠日費時的後果將造成「憲政危機」。一直到美東時間十二月十二日晚上十時左右，聯邦最高法院才以些微差距的5:4票推翻了稍早前佛州最高法院的原判，已實質上用司法判決將白宮交給了布希，結束了三十四天律師們馬拉松式在不同法院為重新計票的辯論。聯邦最高法院判決因有濃厚的政治及意識形態色彩，而引起有些自由派學者及支持高爾民眾的不服，但至少大家都承認此事實。隔日，贏得全美多數選票的高爾第二次向布希道賀（選後次日凌晨，高爾已向布希認輸，但馬上收回），其在電視轉播的敗選聲明中，特別提到「最高法院已做出決定，所有爭議到此為止，我雖對此判決不認同，但我接受此裁決，我接受裁決的後果」。

　　幾乎每個人都知道美國行政、立法及司法三權的獨立，但在美國以外的人幾乎很難想像出，為何最高法院有如此大的權力，能左右美國最高行政權的總統選舉？能讓高爾及其支持民眾，認知此只相差一張大法官的票而讓江山拱手讓人的事實？能宣稱國會立案的法律因違憲而無效？能讓許多總統為不同事件而上訴到最高法院，卻遭致敗訴？我們用簡單的文字來談談最高法院的歷程及架構，某些大法官的軼聞及其相關歷史的趣事，以揭開其神

祕的色彩，連帶地也描述最高法院判決的幾件影響社會，甚而改變歷史的重要案子。

最高法院在二百多年的演進，包括從過去案件獲得的教訓及累積的智慧，已加深美國百姓對民主法治的認同。其裁決的案子，包括從人權宣言提倡言論、出版、新聞、宗教及和平集會的自由，到憲法修正條款（如廢除黑奴、保障民權），以及社會問題等（如墮胎、死刑、同性戀及槍械管制），對美國社會產生的影響自不在話下，相對地更鞏固了美國司法及法制獨立的精神。美國憲法中第三條僅提到「司法權力屬於最高法院」，憲法第一條、第三項、第六款也提到「首席大法官主持總統彈劾案的審判」。迄今為止，只有三次「總統彈劾」案，包括一八六八年繼承林肯的安德魯詹森（Andrew Johnson）及最近的柯林頓，但經參議院表決未通過罷免這兩位總統，繼續任職，尼克森總統被眾議院彈劾後，辭職下台。

聯邦最高法院及大法官

憲法並沒有討論到司法及最高法院的架構及組織，反而提到法官薪水不能減低（二百多年前的開國之父早已確知法官也有妻小需要過日，如此法官可經濟獨立而不受利益誘惑）。華盛頓總統就職後四個月，國會通過了「司法法案」（Judiciary Act of 1789），其內容要求最高法院設一位首席大法官及五位大法官；聯邦設立十三個地方法院（每州一個）及三個（東、中及南區）巡迴法院（Circuit Court）；最高法院大法官也參與巡迴法院上

訴案件。第一次會期在一七九〇年二月，兩位大法官因氣候不良因素，無法及時趕到紐約而流會，後續開始的十年，亦因無重大案件，而乏善可陳。

　　最高法院在首席大法官約翰馬歇爾（John Marshall）的領導下才正式成型。首席大法官正式的頭銜為美國首席大法官（Chief Justice of the United States），現在許多人——包括移民局公民入籍考試的試題——都誤用為最高法院首席大法官（Chief Justice of the Supreme Court）。馬歇爾是法律學者公認為最偉大的首席大法官，他的三十四年任期（1801-1835）是所有首席大法官中最久的。在伊利諾州與喬治亞州的約翰馬歇爾法律學院以紀念他為名，那懸掛在最高法院會議室他的肖像，似是無形中監督著正在開會的大法官們，提醒他們要以憲法為基礎來慎重討論各案的優劣。

　　一八九一年國會通過的法案增加為九個聯邦巡迴上訴法院，以減輕最高法院的工作負荷，一九二五年國會通過「審核法案」（Certiorari Act），特別規定任何上訴的案件都要向最高法院「申請覆核」（petition for writ of certiorari），但是否接受這些案件，則完全由最高法院大法官決定。最高法院最初從紐約，搬到費城（1791-1800），再到華府寄居於國會之下，最後在一九三五年才正式搬到鄰近國會山莊，擁有屬於自己的雄偉建築。大法官人數前後不一致，一九四八年國會通過的法案正式訂為八位，加上一位首席大法官，總人數成為奇數，使案件表決必可獲得多數的結果。

　　由總統提名，經參議員半數以上同意的大法官是終身職，迄

今為止，只有十一位總統提名人選被拒絕，最近的例子是雷根總
統在一九八七年提名的柏克（Bork）法官（42:58票）。一般而
言，總統總是任命與他哲學、意識形態相似的法官，但有些法官
依其獨立審判的精神，所做判決的結果，往往與總統的主張相
左，套句現在的俗話——「令人跌破眼鏡」。艾森豪總統卸職
後，提及他任內做的最愚蠢的事，就是任命當時為加州州長華倫
（Warren）為首席大法官（1953-1969）。華倫是一九四八年共和黨
提名杜威總統的副總統候選人，他曾參與第二次世界大戰時西海
岸日裔美人被強迫遷移到不同集中營的事件，違反此遷移政策是
屬於聯邦犯罪案，最高法院竟也在一九四四年以6:3票同意國會
通過的上述法案（一九八八年雷根總統正式道歉，並賠償生還者
二萬美金）。他任內明顯的自由主義色彩及作風，或許受到此悲
劇羞辱的影響，與任命他為大法官的艾森豪總統所秉持的保守派
作風截然不同。華倫大法官在一九七二年被訪問時提到此悲劇，
還數度哽咽落淚。他在百姓的眼光中最出名的角色，當屬他被詹
森總統任命為「華倫委員會」主席，負責調查甘迺迪總統遇害的
歷史悲劇。

其他的例子，則是老布希任命的蘇特（Souter，一九九○年
迄今），他是現任大法官中被視為自由派，與保守派的首席大法
官芮恩奎斯（Rehnquist）、史卡利亞（Scalia，雷根一九八六年任
命）及湯瑪斯（Thomas，老布希一九九一年任命）的判決均背
道而馳。其他三位自由派的大法官為史蒂文斯（Stevens）、金斯
伯格（Ginsburg）及布瑞爾（Breyer）。兩位溫和派的大法官歐康
娜（O'Connor，雷根一九八一年任命的第一位女性）及甘迺迪

（Kennedy，雷根一九八八年任命）加入上述三位保守派大法官，造成「布希與高爾案」中布希的五票。除了金斯伯格（女）及布瑞爾為民主黨籍柯林頓總統任命的，其他七位包括首席大法官都是共和黨總統任命。史蒂文斯及蘇特的表現，令共和黨保守派失望與灰心。史蒂文斯，這位福特總統任命的大法官，在布希案中甚而提到「此判決結果我們永遠無法確知誰是今年選舉的贏家，但確是百分之百清楚誰是輸家」。

　　迄今為止，二百多年來共有一百零八位大法官，其中只有十六位首席大法官，此人數只是戰後義大利擔任總理人數的三分之一。芮恩奎斯一九八六年由雷根任命為首席大法官（一九七一年由尼克森任命為大法官），但在參議院表決中卻有三十三張的反對票，雖然仍通過任命，卻是所有首席大法官任命表決中，獲得最多反對票的。五十位大法官在任內逝世，其他大部分退休的大法官也在幾年內相繼過世（大法官布拉克〔Black, 1937-1971〕在辭職後八天逝世）。十三位大法官任職超過三十年，以威廉道格拉斯（William Douglas）任職三十六年（1939-1975）最久。他前後有四位太太，第四次結婚時二十三歲的太太還是法學院學生，在一九七〇年時，身為眾議員的福特還採取行動要彈劾他，但白宮因「美入侵柬埔寨」事件而作罷。他的個性及風格可由大法官史都華（Stewart, 1958-1981）描述他的一段話看出：「他對其他大法官同意他的案子感到非常失望。」首席大法官芮恩奎斯則解釋「如此他就不能單獨寫異議的判決書」。在所有大法官中，只有自由派作風的他與布拉克二位，認為猥褻物品應受憲法中言論、新聞自由的保障。總共有八位大法官任職超過八十歲。其中

霍姆斯（Holmes）在九十歲（任職最老的）才退休（1902-
1932），值得一提的是在他九十二歲生日時，待羅斯福總統拜訪
道賀離開後，他提到總統時說：「他雖只有二等的IQ（智力），
但他卻有一等的EQ（性情）。」他的另一句名言：「法律的生命
是經驗而不是邏輯。」

　　塔虎脫（William Taft）是唯一當過總統（第二十七任，
1908-1913）再任首席大法官（1921-1930，二月退休，三月過
世），他的兒子羅伯特是有名的俄亥俄州參議員（1939-1953），
一九五二年共和黨總統提名時輸給了艾森豪。塔虎脫家人在美國
行政、司法及立法有如此成就，只有甘迺迪的政治家族可相比
（總統、司法部長、三位參議員、四位眾議員及一位副州長），洛
克菲勒家族（副總統、三位州長及一位參議員）及布希家族（二
位總統、一位副總統、一位參議員、一位眾議員及二位州長）則
缺少在司法界有名的家人。首席大法官華倫辭職後，由尼克森任
命當時為上訴法院的伯格（Burger）法官接替，不知是否巧合，
在他就職前一週，他自己在上訴審理的案子（眾議院可以拒絕自
己議員的席位）卻被最高法院反駁。有趣的是，首席大法官伯格
的名字「Warren」，正是卸任首席大法官華倫的姓。

　　大法官金伯爾（Goldberg）任命只有三年（1962-1965），辭
職後（二十世紀只有六位大法官辭職）被詹森總統任命為駐聯合
國大使（1965-1968），金伯爾是近半世紀來堅決認為死刑是違法
的一位大法官，他認為死刑與憲法第八條修正條款明確認定不能
用殘忍虐待的處罰相違背（炸毀聯邦大廈造成一百六十八人死亡
兇嫌麥克維〔McVeigh〕在二○○一年六月十一日伏法，他是三

十八年來聯邦犯罪兇犯被執行死刑的第一位）。大法官傑克森
（Robert Jackson）任內被杜魯門總統任命為「紐倫堡大審」的美
國首席檢查長。他亦是現任首席大法官芮恩奎斯從史丹福大學畢
業後第一個僱主（為其助理）。歷任大法官只有二位黑人（一位
已退休去世）、六位猶太籍、八位天主教徒、九位單身漢（包括
蘇特）及現今的二位女性。被任命時年齡從三十二到六十四歲，
有趣的是，在十九世紀首席大法官除了前三位外，其他平均壽命
為七十五歲，二十世紀初期的三位為七十四歲，二次世界大戰後
的四位平均僅有七十三歲，可見大法官在十九世紀無電視、無電
話、無電燈中，過牛（耕農）過馬（交通）的日子反而較現代舒
適的日子活得久些。

　　邱斯（Chase）是唯一由於政治因素被眾議院彈劾的大法官
（一八〇四年），但他在參議院獲得平反，而繼續做到他逝世為止
（一八一一年）。除華盛頓總統外，羅斯福是在十二年任期內，任
命最多大法官的總統（八位加上一位首席大法官），而卡特是唯
一在任內四年內沒有機會任命大法官的總統。現任大法官中以史
卡利亞（天主教徒，九位小孩）學業最佳（喬治城大學及哈佛法
學院均第一名畢業）、思路最敏，雖其資歷不深（一九八六年迄
今），但影響力極大，特別是針對保守派法官們。現保守派的龍
頭當屬芮恩奎斯，他與最近三十年來自由派才智與精神領袖布倫
南（Brennan, 1956-1990）共事十八年期間，總共討論大約二千七
百件案件，除了全票同意的案件外，他們只有百分之十五案件立
場一致，這是所有大法官們對案件持以相似看法的最低比率。布
倫南是一九七三年著名的「羅控維德案」（Roe v. Wade，裁決墮

胎合法化）判決書主要執筆人。

最高法院大法官職責是：（一）每年從許多申請案件中，審核部分案件；（二）研讀被接受案件原告及被告律師所書寫的綱要（brief），傾聽律師開庭的辯論與訊問律師及爾後參與大法官會議中的討論及投票；（三）書寫多數（或少數）及認同（贊成多數案但是基於不同的理由）的判決書（opinion）。申請案件來自聯邦上訴法院、各州的最高法院，甚而從監牢被判死刑的犯人。大法官決定是否接受案件是非常主觀、下意識的。首席大法官在每週會議時已準備好「討論清冊」（Discuss List），即討論他認為可被接受的案子，其他大法官也可推薦他（她）們認為應被列入「討論清冊」的案子，那些沒有被接受的案子，其前法院的判決仍為有效。案子被接受的機會很小，以一九九三年會期為例，大約有七千六百個申請案件，到列入「討論清冊」時只剩下一千五百件，最後只有八十四件被接受。

大法官助理先細讀申請案件綱要，寫成備忘錄，供大法官參考篩選，大法官再看其理由是否應被列入「討論清冊」中。為了加速這個過程，現在幾乎所有大法官助理（每一大法官聘用三至四位助理，任期一年）聯合研讀綱要，再傳送到各大法官以供參考。談到助理，這是全世界法學界罕有的現象，此因助理們都是法學院剛畢業的新手而不是律師（有些已經在聯邦上訴法院的法官做過一年的助理），推翻外界聯想到最高法院必是個臥虎藏龍，擁有許多高明律師的地方，是故大法官白蘭地斯（Brandeis, 1916-1939，第一位猶太籍）被詢問最高法院的特性時，他的回答是「我們自己（we ourselves）做我們自己（our own）的事」。

　　最高法院會期是每年十月第一個週一到隔年六月，會期中每二週的週一到週三早上開庭（會場長二十八米、寬二十五米、高十三・四米）時，司儀（Marshal）敲著小木槌、高聲呼著「肅靜、肅靜、請聽著，所有人……」（Oyez, Oyez, Oyez...）。此莊嚴慎重的傳統，讓不論首次甚至經常出席最高法院開庭的人，對法庭皆有一種「神聖不可侵犯」的感覺（最近律師學會頒給法學界最佳網站的西北大學法學院，其網站首頁即為Oyez, Oyez, Oyez）。通常雙方律師只有三十分鐘的時間對大法官進行言辭陳述及回答大法官的問題。大法官聽的不是案件的「情」與「理」，而是案件是否違「法」，甚而違憲。最好的例子是一九八九年最高法院判決德州起訴在一九八四年共和黨總統提名大會時燒國旗的詹森（Greg Johnson），由於憲法言論自由的保障，乃判決其燒國旗行為不違法。大法官史蒂文斯（第二次世界大戰海軍榮民），在宣讀少數對國旗感性的意見時，他說：「國旗是代表國家，軍人在諾曼第登陸及其他戰役為國旗犧牲……。」讓人聽了眼角濕濕，覺得很難得大法官也會把「情」、「理」放在「法」之前。一九九五年參議院也拒絕讓燒國旗為犯罪行為的憲法修正案。

　　從最近「布希、高爾」案來看，可知開庭時律師不斷地被大法官打岔，是故律師臨機應變的能力是很重要的。相對地，學者們也公認律師在口頭辯論時的表現，對爾後判決的影響極小。大法官在口頭辯論前所看過的書面綱要及開庭後會議的討論已對案件將要採取的立場有所定見而不易變更。總之，律師們能夠在聯邦最高法院出庭辯論，正如同年輕的畢業生能夠做大法官的助理一般，是他們法律生涯中最重要的里程碑。現在律師每年出庭二

次已經很了不起，早期的瓊斯（Walter Jones）有三百十七次最高法院口頭辯論，想必是世界上不可能被破紀錄的紀錄。二十世紀辯論最多的是戴維斯（John Davis，一九二四年民主黨總統候選人），其二百五十次包括他在一九五三年八十歲時，輸得最出名的「布朗控訴教育局案」（Brown v. Board of Education）。

　　既然能夠上訴到最高法院的案件，都是引人爭議，而沒有絕對的「對」、「錯」及「黑」、「白」的選擇，是故大法官討論時的爭論（argument）、合作（collaboration）、妥協（compromise）、說服（persuasion）、自制（self-restraint）甚而堅持（insistence）等策略交互運用是可想而知的。討論投票後，如果首席大法官位在多數的一邊，他可指派自己或某位大法官為書寫判決書主要執筆人，再傳閱給其他多數的大法官修正、補充意見及最後的認同，他若是在少數的一邊，則此指派任務歸於多數方中最資深的大法官。大法官書寫判決書的程序，是個藝術，正如同大法官法蘭克佛特（Frankfurter, 1939-1962）所云「主要執筆引領書寫判決書的大法官不是在唱獨角戲，而是交響樂團的指揮」。上述描述案件討論時所運用的各種不同策略，都可應用到書寫判決書，甚至包括反覆來往的書面備忘錄及口頭的妥協。法官們最主要的是如何說服其他「游離」法官支持某一特別的意見，最後完稿的多（少）數判決書，可說是集合了法官們智慧的結晶。談到法蘭克佛特，他在哈佛大學任教時收希斯（Alger Hiss）為門徒，並推薦他出任大法官霍姆斯的法律助理。四〇年代末期的希斯間諜案使尼克森名滿全美，隨後使他成為政治上的明日之星。

影響歷史的幾件重大案件

　　許多最高法院判決的案子對美國社會影響至鉅，我們先描述學者公認是判決錯誤、聲名狼籍的二件種族歧視案子。一八五七年「史考特控訴山福案」（Scott v. Sandford）判決黑奴是主人的財產，國會無權廢除黑奴，這個判決無疑將奴隸制度推向全國（一八二〇年國會通過的「密蘇里妥協法」〔Missouri Compromise〕將美國北部新區稱為自由勞動制，禁止奴隸，以別南方的蓄奴區）。此案直接導致美國內戰。史考特出身即為奴隸，隨其主人布特（Blow）於一八二七年從阿拉巴馬州遷移到聖路易，布特在一八三二年去世前將史考特賣給愛默生（Emerson）軍醫，隨後他與新主人遷到無奴隸的「威斯康新區」（現今明尼蘇達州），並成家生子。一八四三年他再遷回聖路易，主人死後，他被歸為愛默生太太的財產，隨後愛夫人遷移到紐約，而將史考特留給布特之子亨利（Henry）。這位有人性的亨利，認為史考特既已在威斯康新自由區住過，應可以是自由人。密蘇里州地方法院認同此「一旦自由、終身自由」的政策，但卻遭到密州最高法院反駁。在上訴到聯邦最高法院時，愛夫人將史考特賣給她的弟弟山福（因而稱「史考特對山福案」）。最高法院宣判（7:2票）史考特還是奴隸，首席大法官譚尼（Taney）判決中甚而提到「黑人不是憲法中的公民」，還認為在新增領土禁止蓄奴的「密蘇里妥協法」是違憲。這政治難解的黑奴問題，大家都原本期待最高法院能理性解決，判決後引起各方面激烈反對，引發了奴隸制度與美國憲

法的衝突，此時最高法院聲望已是最低點。隔年林肯與道格拉斯（Stephen Douglas）競選參議員辯論時，還談到此案的道德問題，雖然林肯當時選輸了，但二年後（一八六〇年）卻贏得了總統選舉。卻也導致倡導奴隸制度的南方各州蓄謀判亂，決定脫離聯邦，此即為後來的美國內戰。

內戰過後，黑奴雖然解放（一八六五年憲法第十三條修正條禁止奴隸制度，一八六八年第十四條修正條保障黑人基本人權及一八七〇年第十五條保障黑人投票權），但南方盡量用各州通過的法案來削奪黑人的權利，黑人雖是人，但不能享有與白人相同的權力。如一八八七年路易斯安那州規定火車上需要設有專門給黑人坐的「分離車箱」，如此可將「次等的黑人」與白人分離。黑人布利斯（Plessy）故意坐到「只准白人」的車箱內，遭逮捕送到紐奧良法院接受法官費格森（Ferguson）審判（其實是鐵路公司財團故意安排的，以節省設置「分離車箱」的費用）。此即為一八九六年出名的「布利斯控訴費格森案」（Plessy v. Ferguson）。路易斯安那州最高法院宣稱「種族分離但平等」（Separate but Equal）的政策完全符合憲法第十四條保障人民基本人權條款，聯邦最高法院亦以8:1票認同。唯一反對的大法官柯連（Harlan, 1877-1911）寫了一段感人的異議文：「我們憲法是色盲的，它既不知亦不容忍人民階級的分類，在基本人權保障的法律之下，所有百姓都是平等的。」難怪他在當今法學院教授們評鑑下是歷任來最傑出的大法官。柯連及其孫子（1955-1971）是唯一祖孫檔的大法官。遺憾的是此無人道的「分離平等」政策，一直到本世紀「布朗控訴教育局案」後才被推翻。此案也讓人想到一九五

五年，中年婦女派克（Parks）在蒙哥馬利（阿拉巴馬州）坐在白人的公車位子而遭逮捕，進而引起一連串黑人民權運動。

　　一九五四年三月十七日，最高法院判決「布朗控訴教育局案」（是日還有其他四個相似的案子，是所謂集體訴訟案），廢除了為黑人而採取的「分離平等」政策及各州相關的法案。布朗代表其女兒琳達（Linda，時年八歲）提出此案時（一九五一年遞送聯邦地方法院），正是二次大戰後鼓吹黑人人權已經稍有成效的時候。其告訴理由即要求少數種族受教育的平等權。琳達每天需要從住區（堪薩斯州的多皮克〔Topeka〕，當時人口約十萬人）早上七點四十分出門，徒步及搭乘公車以趕上學校九點的第一堂課，若上附近的白人小學，則只要走九個路口。大法官在第一次開庭（一九五二年十二月）後，並沒有做出決定，但要求原告律師準備更多資料，包括憲法第十四修正條如何針對學校來解釋。一九五三年十二月第二次開庭時，原告律師瑟古德馬歇爾（Thurgood Marshall，後被詹森總統任命為第一位黑人大法官，1967-1991）特別強調此「分離制度」除剝奪了少數種族享受教育的機會，甚而影響他們的身心健康。剛剛上任的首席大法官華倫，對此全票通過原告勝訴的案件貢獻巨大，連最保守起先反對的肯德基州出身的大法官瑞德（Reed, 1938-1957）傾聽他宣讀判決文時，亦深受感動。

　　此一在美國歷史上劃時代最具影響力的法案，表面上是今後黑白平等，但卻帶來往後社會種族關係的混亂，以及六〇年代民權的示威（一九五五年金恩牧師開始要求廢除餐廳的黑白分離；他獲得一九六四年諾貝爾和平獎）與反越戰一連串的事件。直到

一九七〇年初，美國似是個分裂的家庭（A house divided）、分裂的國家（A nation divided）。各州面臨最大的難題是如何執行此「無種族界線的教育」。南方各州的反感可由羞辱的「小岩城事件」看出。小岩城位於阿肯色州，該州不像南方其他各州的保守，一九四八年已有黑人就讀阿肯色大學（照片上看到一孤單黑人坐在用夾板分離旁的小角落，令人鼻酸）。一九五七年九月開學日，州長調動國民兵，禁止九位黑人學生到小岩城「中央高中」（Central High School）入學，白人亦在學校附近抗爭暴動，艾森豪總統最後用軍隊控制秩序，維持治安，一直到廿五日，黑人學生才在最出名、最有傳統的「陸軍101空降師」一千位軍人持槍保護下就讀。

其他南方區更是阻礙此政策，最好的例子，就是相隔布朗案後的九年，阿拉巴馬州的華理斯（Wallace），在其州長就職演講中竟宣稱「現在的種族隔離、明日的隔離、永久的隔離」（Segregation now! Segregation tomorrow! Segregation forever!）。冷戰期間，美國批評蘇聯濫用人權，蘇聯也用美國種族隔離的實例來反唇相譏。到六〇年代中，南方仍有百分之九十九的黑人依然就讀「黑白分離」的學校。一九七〇年北卡羅萊納州聯邦地方法院要求夏洛特市（Charlotte）用校車載學生到離家很遠的學校就讀，以達到黑白學生人數平衡，此即所謂的車載（Busing）。夏洛特市白人與黑人比率約7:3，因此法官要求各校黑白學生比率以此為基準，這種強迫性的政策（一九七一年最高法院認同），執行起來非常困難，就連美國北部最自由派地區，包括波士頓也反對車載。雷根在一九七六年參與共和黨總統提名競選時也極力

反對。看起來「布朗控訴教育局案」的勝利不但沒有帶來黑人學生的平等教育，反而帶來白人的憂慮及反感。最可譏諷的事是二十年後（一九七四）小琳達，此時已是二個小孩的媽媽，竟也為多皮克市「種族融合」的執行，而按鈴控告該市的原告之一。

最高法院判決錯誤、羞辱的例子雖然不少，但其他引以為榮的案件也非常多。美國司法不受總統控制的典型例子就是一九七四年「美國控美地方法院案」（US State v. US District Court）。尼克森總統因「水門事件」，拒絕交給「獨立檢查長」傳票要求部分的白宮錄音帶。尼克森拒絕理由是他認為總統與下屬的談話應保持「隱密性」，以讓他們隨心所欲交談，無所顧慮。官司上訴到最高法院，其8:0票（大法官芮恩奎斯棄權）認為「獨立檢查長」在犯案中尋找證據比「行政特權」（executive privilege）更重要。後來錄音帶證實尼克森有掩蓋犯罪事實，此一案件判決十七天後，因眾議院通過的彈劾案，並且預計罷免的提議一定會獲得參議院通過（總統估計只有十票支持他，離三分之一的三十三票相距甚遠），而造成美國歷史上第一位總統辭職下台。

最高法院對杜魯門總統亦有做出相似的決定，其一九五二年6:3票裁決總統的行動——以韓戰為理由，用行政法令接管要罷工的鐵工廠以使生產量不致中斷——違憲而無效。其他的行政與新聞言論自由齟齬的例子包括一九七一年「五角大廈文件案」，尼克森政府認為登在報紙上這些軍事外交資料有妨害國家安全，但最高法院以6:3票同意《紐約時報》及《華盛頓郵報》有權力刊登這些有關早期美國參與越戰的資料。此「五角大廈文件」事件間接導致「水門事件」。

　　最高法院對國會立法判決無效最好及最早的例子，則是法學院學生所熟知的一八○三年「馬伯利控訴麥迪遜案」（Marbury v. Madison）。一八○一年第二任總統亞當斯（Adams，除了布希以外，他們是唯一父子檔的總統；其子為第六任總統）。在離職前任命馬伯利為和平法官（Justice of peace），他被任命的文件雖已簽字，但國務卿未及時送交給他。繼任的傑佛遜總統拒絕任命他，馬伯利告到最高法院控告麥迪遜（時為國務卿，後為第四、第五任總統）要求其職位。最後判決的內容主要是一七八九年法案第十三節中提到最高法院有權力審判案件，但憲法第三條只明確提出最高法院只針對審判駐外大使的案件及審核（查）上訴法院所裁決的案件，是故國會一七八九年立案的第十三條是違憲。馬伯利因先向聯邦地方法院提出告訴，由其判決，如不滿意，則訴諸上訴巡迴法院及到最終的最高法院。

　　是的，美國聯邦最高法院為首的司法獨立精神，值得我們學習。「少數服從多數及多數尊重少數」的準則正是大法官們敬業的寫照。全票裁決及其簡述的理由固可幫助下級法院將來的審判，但異議（dissent）則是最高法院最好的傳統，從過去案件經驗來看，許多異議的看法反而能耐時間的考驗。大法官所做任何案件裁決，不管引起多大的爭論，只是代表那個時代只有五票的「最終語」（final words）。歷史是持續的，一直進行無休止的爭議性裁決辯論，「最終語」隨時空包括社會生態的改變而異，五十年前的「最終語」，以現在眼光來看已不切實。總之大法官以公正、勇氣、良知、正義、道德、無政治為準，做他們認為對的裁決，司法獨立的精神就可維持了，真正人權的保障也可實現了。

麥田叢書 39

流轉的歷史：世紀轉折的人事景物

作　　　者　郝晶瑾
特 約 編 輯　任晴舒
封　　　面　沈佳德

發　行　人　涂玉雲
出　　　版　麥田出版
　　　　　　台北市信義路二段213號11樓
　　　　　　電話：(02) 2351-7776　傳真：(02) 2351-6320
發　　　行　城邦文化事業股份有限公司
　　　　　　台北市民生東路二段141號2樓
　　　　　　電話：(02) 2500-0888　傳真：(02) 2500-1938
　　　　　　網址：www.cite.com.tw　e-mail：service@cite.com.tw
　　　　　　郵撥帳號：18966004　城邦文化事業股份有限公司
香港發行所　城邦（香港）出版集團
　　　　　　香港北角英皇道310號雲華大廈4字樓504室
　　　　　　電話：25086231　傳真：25789337
馬新發行所　城邦（馬新）出版集團
　　　　　　Cite(M) Sdn. Bhd. (458372 U)
　　　　　　11, Jalan 30D/146, Desa Tasik, Sungai Besi,
　　　　　　57000 Kuala Lumpur, Malaysia
　　　　　　電話：603-9056 3833　傳真：603-9056 2833
　　　　　　e-mail: citekl@cite.com.tw.
印　　　刷　凌晨企業有限公司
初 版 一 刷　2004年4月

ISBN : 986-7537-59-9　　　　　　　　　　售價：300元

國家圖書館出版品預行編目資料

流轉的歷史：世紀轉折的人事景物／郝晶瑾著.
－－初版.－－臺北市：麥田出版：城邦文化
發行, 2004 [民93]
　面；　公分.－－（麥田叢書；39）

ISBN 986-7537-59-9（平裝）

1. 美國－歷史－1945－

752.264　　　　　　　　　　　93004779

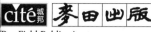

Rye Field Publications
A division of Cité Publishing Ltd.

城邦文化事業(股)公司
台北市信義路二段213號11樓

▼

讀者回函卡

謝謝您購買我們出版的書。請將讀者回函卡填好寄回,我們將不定期寄上城邦集團最新的出版資訊。

姓名:＿＿＿＿＿＿＿＿＿　電子信箱:＿＿＿＿＿＿＿＿

聯絡地址:□□□＿＿＿＿＿＿＿＿＿＿＿

電話:(公)＿＿＿＿＿＿＿　分機＿＿＿(宅)＿＿＿＿＿＿

身分證字號:＿＿＿＿＿＿＿＿＿＿＿＿＿＿(此即您的讀者編號)

生日:＿＿＿年＿＿＿月＿＿＿日　性別:□男 □女

職業:□軍警 □公教 □學生 □傳播業 □製造業 □金融業 □資訊業 □銷售業
　　　□其他＿＿＿＿＿＿＿＿＿＿＿＿＿＿＿＿＿

教育程度:□碩士及以上 □大學 □專科 □高中 □國中及以下

購買方式:□書店 □郵購 □其他＿＿＿＿＿＿＿＿＿＿＿

喜歡閱讀的種類:(可複選)

□文學 □商業 □軍事 □歷史 □旅遊 □藝術 □科學 □推理 □傳記

□生活、勵志 □教育、心理 □其他＿＿＿＿＿＿＿＿＿＿＿

您從何處得知本書的消息?(可複選)

□書店 □報章雜誌 □廣播 □電視 □書訊 □親友 □其他＿＿＿＿＿

本書優點:(可複選)

□內容符合期待 □文筆流暢 □具實用性 □版面、圖片、字體安排適當

□其他＿＿＿＿＿＿＿＿＿＿＿＿＿＿＿＿＿＿＿＿

本書缺點:(可複選)

□內容不符合期待 □文筆欠佳 □內容保守 □版面、圖片、字體安排不易閱讀

□價格偏高 □其他＿＿＿＿＿＿＿＿＿＿＿＿＿＿＿＿

您對我們的建議:＿＿＿＿＿＿＿＿＿＿＿＿＿＿＿＿＿

＿＿＿＿＿＿＿＿＿＿＿＿＿＿＿＿＿＿＿＿＿＿＿＿

＿＿＿＿＿＿＿＿＿＿＿＿＿＿＿＿＿＿＿＿＿＿＿＿